ATLANTISCHER OZEAN
GEORGETOWN
PARAMARIBO
CAYENNE
SURINAM
FRANZ. GUIANA
GUYANA
Orapoque
Boa Vista
RORAIMA
Calcoene
Amapa
ATLANTISCHER OZEAN
AMAPA
Branco
Macapá
Soure
Ilha de. Maraó
Negro
Belém
Manaus
Amazonas
Santarem
Altamira
Itaituba
Purus
Madeira
PARA
Ruropolis
Serra dos Carajás
Marabá
Tapajos
Jacareacange
São Felix do Xing
Prainha
Humaitá
Araguaia
Xingu
Conceicão do Araguaia
Pôrto Velho
BRASILIEN
RONDÔNIA
BOLIVIEN
Salvador (Bahia)
Jequie
BRASILIA
Goiania
Grande o Guapay
Santiago
Paranaiba
Belo Horizonte
PARAGUAY
Três Lagoas
Parana
RIO DE JANEIRO
Chaco Central
Bermejo
Cascavel
Piquiri
Paraty
Copacabana
ASUNCION
FORMOSA
Foz de Iguaçu
Peruibe
Tacŏ Pozo

Josef Pichler

Motorradtraum Südamerika

30 000 Kilometer Abenteuer von der Karibik bis nach Feuerland

BRUCKMANN

uvex

Dieses Land sitzt auf riesigen Bodenschätzen. In der Silbermine Potosi, in der einst Indios unter unmenschlichen Bedingungen schufteten, arbeiten auch heute noch 15000 Menschen – nun aber freiwillig. Für Motorradfahrer stellen die größten Gefahrenquellen die kreuzenden Lamas dar. Stete Wachsamkeit ist nötig!

Von Nord nach Süd erstreckt sich Chile 4300 Kilometer entlang des Pazifiks, bei einer durchschnittlichen Breite von nur 180 Kilometern. Aufgrund dieser Maße und der Höhenunterschiede von den Anden bis hinab auf Meereshöhe ist Chile durch eine vielfältige Vegetation und extrem unterschiedliches Klima geprägt.

Von Chile kommend führt die Route durch die Anden nach Argentinien. Herrliche Passstraßen mit feinstem Schotter verleiten regelrecht zum Gasgeben. Auf der Ruta 40, der wohl einsamsten Straße Südamerikas, geht es durch den Norden Argentiniens bis zum Naturparadies Parque Nacional Lanín.

Das größte Land Südamerikas, Brasilien, ist überzogen von dichtem Urwald, durch den der Amazonas fließt, der längste Fluss der Welt. Das Land ist berühmt für den Samba, den Karneval und jenen Stadtteil in Rio de Janeiro mit dem berühmtesten Strand der Welt, der Copacabana.

Südamerika und die Galapagos-Inseln bilden die Heimat für eine vielfältige und artenreiche Tierwelt, zum Beispiel gefräßige Piranhas, urzeitliche Echsen, Landschildkröten und die wegen ihrer Spuckattacken berüchtigten Lamas in den Anden. Eine Entdeckungsreise in die Tierwelt des Kontinents.

Reise-Informationen zu den in diesem Buch vorgestellten Ländern, zu den jeweiligen Einreisebestimmungen und zu vielem mehr sollen einen Einblick verschaffen, wie man eine solch abenteuerliche Reise realisieren kann.

KTM
AUSTRIA
INTERSPORT eybl
Dakar

Es war 1990 in Argentinien: Die Ruta 40 ist auf ihrer gesamten Länge eine sehr schlechte Schotterpiste. Mühsam kämpfen wir uns gegen den böigen Wind in Richtung Süden voran. Die betagte Suzuki DR 600 ist mit zwei Personen und dem vielen Gepäck völlig überladen. Das Federbein hat schon lange keine Dämpfungswirkung mehr und die Reifen sind völlig am Ende. Seit Wochen haben wir keine Nachricht mehr aus der Heimat erhalten …

Seit der hier geschilderten Szene ist viel Zeit vergangen: Heute fahre ich mit einer modernen KTM 990 Adventure S ohne Probleme auch über die schlechtesten Pisten. Die Ruta 40 ist bereits teilweise asphaltiert und hat viel von ihrem Schrecken verloren. Es sind nicht mehr 100 Diafilme im Gepäck, ich fotografiere nun digital und habe sogar ein Laptop bei mir. Die Navigation erfolgt per GPS und das Mobiltelefon funktioniert in jeder Ortschaft. Travellerschecks gehören längst der Vergangenheit an, Bargeld wird einfach mit der Kreditkarte am Automaten abgehoben. Im Internetcafé lese ich meine E-Mails und sogar die aktuelle Ausgabe der Salzburger Nachrichten.

Ja, es hat sich viel verändert in den letzten zwei Jahrzehnten. Aber eines ist gleich geblieben: die Faszination einer solchen Motorradreise! Südamerika auf zwei Rädern zu durchqueren wird trotz allen technischen Fortschritts immer ein großes Abenteuer bleiben.

Josef Pichler

Zum Fuß des Chimborazo führt eine gute Schotterpiste.

KOLUMBIEN

Am kolumbianischen Strand sitzend und den hier weitverbreiteten, auf dem Akkordeon gespielten Vallenato-Liedern lauschend, könnte man ganz vergessen, dass Kolumbien als gefährlichstes Land Südamerikas gilt. Nahe der Hauptstadt Bogota sind ganze Regionen in der Kontrolle der Guerilla. Aber auch in ruhigeren Gegenden Kolumbiens sorgt der Anblick von Soldaten dafür, dass man sich nicht allzu sicher fühlt. Dabei lohnt sich die Motorradreise durch dieses Land: Auf gewundenen Straßen durch üppige Bananenplantagen geht es zu so malerischen Städten wie Cartagena, eine der schönsten Städte in Südamerika.

Die gepflasterten Straßen von Barichara in Kolumbien

Bienvenido en Colombia!

Großes Foto: Der Fischfang ist die Lebensgrundlage vieler Menschen an der Karibikküste. Unten rechts: Die frischen Krabben sind eine wahre Köstlichkeit.

Mañana (morgen) – dieses Wort aus meinem beschränkten Spanisch-Wortschatz kann ich schon nicht mehr hören. Der Zoll am Flughafen von Caracas raubt mir nicht nur die letzten Nerven, sondern reißt auch ein ordentliches Loch in die Reisekasse. Dabei hat mein erster Tag in Südamerika so angenehm begonnen. Frische Empanadas con Queso, dazu ein Café grande con Leche und einen frischen Jugo de Naranja. Ich genieße in aller Ruhe mein Frühstück im Hotel Santiago in Macuto. Camillo, ein Mitarbeiter der Speditionsfirma, die den Motorradtransport per Luftfracht von Österreich nach Caracas organisiert hat, will ohnehin erst um 12 Uhr mit mir zum Flughafen fahren. Er kommt schließlich um 16 Uhr, faselt etwas von einem Verkehrsstau und wir rasen in Höllentempo zum Zollamt. Die sind gerade am Schließen und der zuständige Beamte wäre heute so und so krank gewesen.

Deutsche Fachwerkhäuser

Am darauffolgenden Tag ist der zuständige Beamte genesen, nur hat er absolut keine Ahnung, welche Formalitäten erforderlich sind, um meine KTM zu importieren, ohne horrenden Einfuhrzoll zu bezahlen. Stundenlang hetzen wir von einem Büro zum nächsten, bis wir endlich eine Dame finden, die mein Carnet abstempelt. Es ist bereits dunkel, als wir alle Papiere zusammen haben und beim Zolllager ankommen. Die Kiste mit meinem Motorrad steht allerdings im letzten Eck. Ob das heute noch was wird? Der Gabelstaplerfahrer hat Erbarmen, räumt die halbe Halle um und bringt die Kiste ins Freie. Lenker montieren, Benzin in den Tank füllen und dem Abenteuer Südamerika steht nichts mehr im Wege.

Fast nichts mehr: Es gibt noch eine letzte Kontrolle. Man möchte einen notariell beglaubigten Kaufvertrag für das Motorrad sehen, ohne den sei eine Einreise unmöglich. Eine Stunde dauert die Diskussion mit dem Polizisten, bis er endlich doch das Tor öffnet. Ohne Camillos Hilfe wäre ich wohl noch Tage mit den Formalitäten beschäftigt gewesen.

Das Verkehrschaos von Caracas erspare ich mir. Auf kleinen Nebenstraßen geht es Richtung Westen. In Colonia Tovar traue ich meinen Augen nicht: Deutsche Fachwerkhäuser prägen das Straßenbild des Gebirgsdorfs. Und auf der Speisekarte finde ich prompt Apfelkuchen und sogar Bratwurst. Die Erklärung: Mitte des 19. Jahrhunderts wurde Colonia Tovar von deutschen Emigranten gegründet und hat sich dank seiner Abgeschiedenheit bis heute eine eigene Kultur bewahrt.

Hier in Venezuela macht das Motorradfahren noch richtig Spaß: Kurvige, steinige Pisten entlang der Küste und gut ausgebaute Fernstraßen im Landesinneren. Und dazu ein einzigartiger Benzinpreis: 17,6 Liter kosten 1706 Bolivares, das sind 57 Cent. Macht sage und schreibe drei Cent je Liter. Kein Wunder, dass hier noch so viele uralte Amischlitten herumfahren, die mindestens 25 Liter pro 100 Kilometer verbrauchen. In Chichiriviche finde ich ein kleines Hotel samt Bar und genieße bei einer Flasche Cerveza mit dem klingenden Namen Polar den Ausblick auf das Karibische Meer. Das Bier wird genau laut Vorgabe mit maximal drei Grad serviert, das Glas kommt direkt aus dem Gefrierschrank. Beim ersten Schluck habe ich das Gefühl, es fallen mir sämtliche Zähne aus.

Man sitzt nie lange alleine in einer Bar in Südamerika. Raoul José gesellt sich zu mir. „De donde vas?“ – Von wo kommst du, fragt er mich. „De Austria“, ist meine Antwort. Natürlich kennt Raoul José Australia, das Land mit den vielen Kängurus. Nach dem dritten Bier hat er es dann endlich begriffen, ich bin nicht aus Australia sondern aus Austria! Er kennt dann nicht nur Österreich, sondern sogar zwei Österreicher: Adolf Hitler und Arnold Schwarzenegger. Werde einmal mit dem Außenministerium sprechen müssen, ein etwas besseres Image hätte sich meine Heimat schon verdient.

Bald heißt es: Bienvenido en Colombia!

Maracaibo, eine hässliche Großstadt, die ihren Reichtum den riesigen Ölvorkommen im nahen Lago de Maracaibo verdankt, umfahre ich auf einer Schnellstraße. Eine letzte Nacht im Reich von Hugo Chavez, und bei Maicao wird die Grenze nach Kolumbien überquert. Die Ausreiseformalitäten sind in fünf Minuten erledigt, kein Vergleich mit dem Chaos bei der Einfuhr. Nur das Carnet de Passage kennt an dieser Grenze niemand. Es wird daher auch nicht abgestempelt.

Bienvenido en Colombia! Mit einem freundlichen Lächeln gibt mir der Grenzer den Pass zurück und wünscht mir eine schöne Reise.

Ich bin in Kolumbien, dem Land, das im Ruf steht, das gefährlichste Südamerikas zu sein. Auf den ersten Kilometern fallen mir unwillkürlich alle möglichen negativen Schlagzeilen über das Land ein. Das Medellin-Kartell um den einstigen Drogenbaron Pablo Escobar und Geschichten über unzählige Entführungen von Ausländern geistern durch meinen Kopf. Die vielen Militärkontrollen passen da genau ins Bild. Keine Straßenkreuzung, keine Brücke, die nicht vom schwer bewaffneten Militär bewacht

Unten: Auf der Plaza de Santo Domingo wartet der Fahrer auf Kundschaft.
Unten links: Spanische Kolonialarchitektur findet man überall in Cartagena.
Linke Seite: Mit kleinen Booten durchstreifen die Fischer die Mangrovenwälder.

werden. Das Ganze passt so gar nicht zur wunderschönen Landschaft. Die kurvige Asphaltstraße schlängelt sich durch Bananenplantagen und gibt immer wieder kurze Blicke auf paradiesische kleine Buchten frei. Ich werde einige Tage brauchen, um meine Vorurteile gegenüber Kolumbien abzubauen und die Reise richtig genießen zu können.

Taganga, ein kleines Fischerdorf nördlich von Santa Marta, ist hierfür genau der richtige Platz. Das kleine Hotel „Casa Blanca" liegt direkt am Strand, der Fisch in den kleinen Restaurants an der Strandpromenade kommt frisch aus dem Meer auf den Grill. Die farbigen Fischerboote schaukeln in den Wellen und die blutrote Sonne versinkt am Horizont. Genau der richtige Ort, um sich auf das Abenteuer Südamerika einzustimmen. Nur die Musik, die aus den riesigen Lautsprechern dröhnt, klingt beim ersten Hinhören so gar nicht exotisch – beziehungsweise extrem exotisch: Ziehharmonikaklänge bin ich eher von einer Skihütte in der Salzburger Heimat gewöhnt!

Die letzten Kilometer vor Cartagena fahre ich den Strand entlang. Bei Ebbe ist der Sand so hart, dass es auch mit einer aufgepackten 990 Adventure ein wahres Vergnügen ist, direkt am Meer entlangzubrausen. Die Wassertemperatur ist 28 Grad Celsius, eine frisch gefangene Languste kostet zehn Euro und das Bier ist eisgekühlt.

An den Strand nur mit Badetuch, Sonnenöl und Revolver

Am Strand von La Boquilla treffe ich dann Diego mit seiner Familie. Er ist ein pensionierter Armeeoffizier und zeigt mir stolz die Narben seines Bauchschusses, den er im Kampf gegen die Guerilla abbekommen hat. Zu seiner Strandausrüstung gehören nicht nur Sonnenöl und ein Badetuch, sondern auch ein in einem Plastiksäckchen verstauter Revolver. Denn ohne seine Waffe geht Diego nirgends hin.

Er ist völlig aus dem Häuschen, als er mein Motorrad sieht, ein echtes Statussymbol in Kolumbien. Sein Angebot, mir dafür seinen neuen Chevrolet samt der leicht übergewichtigen Tochter zu geben, muss ich aber dankend ablehnen. Das kann ich meiner Frau Renate und meinen Freunden in Mattighofen nicht antun.
Laut meinem Reiseführer soll Cartagena eine der schönsten Städte von ganz Südamerika sein. Und der Autor hat wahrlich nicht untertrieben. Stundenlang schlendere ich durch die engen Gassen der Altstadt. Die Küstenmetropole ist eine pulsierende Stadt mit unzähligen Cafés und Restaurants. In den Bars geht es erst ab Mitternacht so richtig los, dafür dauert die Party dann bis in den frühen Morgen. Unbeschreiblich, wie die Einheimischen im Tu Candela Salsa tanzen – in Österreich würden sie vermutlich wegen unzüchtigen Verhaltens in der Öffentlichkeit verhaftet.

Schneller als die Guerilla

Hier könnte ich es noch einige Zeit aushalten, aber das Ziel meiner Reise liegt ja nun doch etwas weiter im Süden und es ist noch ein langer Weg dorthin.

Eigentlich sollte man ja in Kolumbien aus Sicherheitsgründen die Hauptstraßen nicht verlassen. Aber es macht keinen Spaß, nur auf der bestens ausgebauten Panamericana Richtung Süden zu fahren. In Carmen de Bolivar biege ich ins Gebiet des Rio Magdalena ab. Hier gibt

Unten: Impressionen aus Kolumbien: ein antiker Türklopfer – junge und reife Frauen werfen sich gerne in Schale.
Rechte Seite: Alltag im Gyabetal: Mit einem Stahlseil geht es über tiefe Schluchten.
Vorangehende Doppelseite: Die Folkloregruppe vermittelt karibische Lebensfreude.

es keine asphaltierte Straßen mehr, auf schlammigen Pisten geht es Richtung Momboz. Nach Auskunft des Hotelchefs soll es noch vereinzelt Guerilla in der Gegend geben. Er meint aber: Ich soll mir keine großen Gedanken darüber machen, mit meinem Motorrad bin ich so schnell, dass die mich ohnehin nicht erwischen.

Brücken sind Mangelware am Brazo Momboz. In schwankenden Kanus wird der Fluss überquert. Da ich meine Adventure nicht schon am Anfang der Reise in den schlammigen Fluten versenken möchte, wähle ich ein etwas sichereres Modell. Drei Einbäume werden zusammengebunden, Holzplanken darübergelegt, ein Außenbordmotor angeschraubt und fertig ist die Autofähre.

Vom nächtlichen Regen ist die Piste aufgeweicht, Lastwagen haben tiefe Spuren hinterlassen. Endlich kann ich meine groben Pirelli MT21 nutzen. Ich hatte schon befürchtet, sie völlig umsonst montiert zu haben. In El Banco, einem ziemlich trostlosen Kaff mit staubigen Seitengassen, bin ich ziemlich überrascht, als mir eine knallrote Ducati entgegenkommt. Jorge hat sie extra mit dem Schiff anliefern lassen. Fahren kann er nur auf der schnurgeraden Hauptstraße im Ort. Außerhalb würde er nach wenigen Metern im Schlamm versinken. Aber er hat dafür mit Abstand das schnellste Gefährt im Umkreis von 100 Kilometern.

Die 990er ist keine Supermoto

Bei El Burro ist der kurze Offroadausflug wieder zu Ende, auf der bestens ausgebauten Panamericana geht es weiter Richtung Süden. Die nördlichen Ausläufer der Anden tauchen auf und die bislang eintönige Strecke wird zu einer kurvigen Passstraße. Es macht richtig Spaß, um die Ecken zu sausen. Das Hinterrad beginnt bereits leicht wegzuschmieren. Eine aufgepackte 990er mit groben Enduroreifen ist halt doch keine Supermoto. Nach einer wahren Kurvenorgie erreiche ich noch rechtzeitig vor Sonnenuntergang Bariachara. Vor 300 Jahren wurde die kleine Ortschaft 20 Kilometer nördlich von San Gil gegründet. Und es hat sich in den letzten drei Jahrhunderten nicht viel verändert. Grob gepflasterte Gassen, die weiß getünchten Fassaden der einstöckigen Häuser leuchten im Licht der Abendsonne und als Kontrast dazu die roten Ziegeldächer. Ein spanisches Kolonialdorf wie aus dem Bilderbuch. Lediglich das Internetcafé mit den nagelneuen Apple-Computern passt nicht so ganz dazu.

Die Straße wird mehrspurig, das Verkehrsaufkommen nimmt merklich zu. Nach Bogotá sind es nur noch 20 Kilometer. Acht Millionen Menschen leben im Großraum von Santa Fe de Bogotá. Es wird nicht leicht werden, in dieser Riesenstadt eine Unterkunft zu finden. Aber ich habe ja einen Anlaufpunkt. Xtrem Machines, der KTM-Importeur in der Diagonale 127, ist mein erstes Ziel. Schon von Weitem ist die von der Farbe Orange dominierte Fassade des Hauses sichtbar. Im Geschäft steht die gesamte KTM-Palette, womit ich nicht gerechnet habe. Juan bringt mich in eine nahe Pension und verspricht, mir am folgenden Tag die Stadt zu zeigen. Nur meine Alukoffer soll ich demontieren, die stören im Stadtverkehr. Am nächsten Morgen holt er mich mit seiner 990 Superduke ab und zeigt mir Bogotá auf seine Art. Mit über 100 Sachen rasen wir durch den dichten Stadtverkehr: Autoslalom auf Kolumbianisch. Mit einem breiten Grinsen sagt Juan, eine KTM ist das einzige Fahrzeug, mit dem auch Stadtfahren noch Spaß macht.

Links: Arepas, die köstlichen Maisfladen, werden im ganzen Land frisch zubereitet. Rechte Seite: Die Kirche Santuario de las Lajas überspannt den Río Guaitara.

Mit einem Stahlseil geht es über die tiefe Schlucht

Bei Ausflügen außerhalb Bogotás ist etwas Vorsicht geboten. Die Straße über die Anden Richtung Osten führt geradewegs in das von Guerillas kontrollierte Gebiet. Weiter als bis Vilavicencio sollte man besser nicht fahren. Tief unter uns rauscht der Rio Negro.

Ein 550 Meter langes Stahlseil ist quer über die Schlucht gespannt. Pablo schnürt sich einen Strick um das Becken, klemmt eine Eisenrolle auf das Drahtseil, stößt sich ab und saust mit einer Affengeschwindigkeit auf die andere Seite der Schlucht. Wohlgemerkt: Das ist kein von einem Energydrink-Hersteller gesponserter Marketing-Event, sondern der ganz normale Alltag für die Menschen in Gyabetal. „Los Cables“ nennen die Kolumbianer diese heikle Art der Fortbewegung 200 Meter über dem Rio Negro, der für viele kleine Dörfer die wichtigste Verbindung zur Außenwelt darstellt. Die nächsten Brücken sind mehrere Kilometer entfernt. Die Seile sind schräg gespannt, und damit die Geschwindigkeit nicht zu hoch wird, dient eine einfache Astgabel als Bremse. Jede Familie besitzt nur eine Seilrolle und behandelt sie wie ein Heiligtum. Pablos Angebot, mir ausnahmsweise seine Rolle zu borgen, lehne ich dankend ab.

Die Auskünfte über die Sicherheitslage im Süden des Landes sind sehr unterschiedlich. Von kein Problem bis unmöglich reicht die Palette. Eine Mitarbeiterin der österreichischen Botschaft rät mir definitiv davon ab, mit dem Motorrad südlich von Cali weiterzufahren. Ich soll entweder fliegen oder mit dem Schiff fahren. Ich weiß, dass Botschaften immer übervorsichtig sind, und beschließe trotzdem, auf dem Landweg weiterzureisen, muss allerdings vorher noch ein Formular ausfüllen und meine Kontaktadressen in Österreich aufschreiben, falls doch etwas passieren sollte.

Juan befragt seine Motorradfreunde entlang der Straße Richtung Ecuador. Alle sind der gleichen Meinung: Kein Problem, solange ich auf der Hauptstraße bleibe und nur am Tag fahre. Von Nachtfahrten raten mir alle ab, aber das hatte ich so und so nicht vor.

Vor wenigen Jahren war das Überqueren der Anden noch ein gefährliches Unternehmen. Der wiedergewählte Präsident Uribe hat jedoch mehr Sicherheit ins Land gebracht. Die Militärpräsenz ist entsprechend hoch, gepanzerte Fahrzeuge und schwer bewaffnete Soldaten prägen das Straßenbild.

Vallenato

Man kann ihn lieben oder hassen, aber ihm nicht entkommen. Der Vallenato ist allgegenwärtig an der Karibikküste Kolumbiens. Das Akkordeon ist das tragende Instrument dieses Musikstils, der überall mit voller Lautstärke aus den Boxen dröhnt. Mitte des 19. Jahrhunderts kam das in Deutschland entwickelte Musikinstrument durch italienische und französische Matrosen in die kolumbianischen Hafenstädte Santa Marta und Cartagena. Die Vallenato-Lieder sind ein Spiegelbild der Gesellschaft Kolumbiens. Sie erzählen auf poetische, humorvolle und manchmal traurige Art von den Gefühlen und Gedanken der einfachen Menschen. Jedes Jahr im März gibt es den Wettbewerb „Festival de Vallenato“ in Valldupar. Vor einem Millionenpublikum werden die besten Interpreten zum „Rey Vallenato“ gewählt. Neben dem großen Altmeister Alfredo Gutierrez haben es unzählige Gruppen zu nationalem Ruhm gebracht. Durch Carlos Vives wurde der Vallenato auch weltweit bekannt.

Kolumbianischer Pannendienst

Im Schritttempo kämpft sich der schwer beladene Sattelschlepper die engen Serpentinen bergauf. Er ist auf dem Weg nach Buenaventura, dem wichtigsten Pazifikhafen des Landes, und muss dabei den Andenhauptkamm überqueren. La Linea, eine der wichtigsten Passstraßen Kolumbiens, führt auf 3 200 Meter Höhe. In das Reich der Balineros, der „Kugellagerer“. So werden sie wegen ihrer selbst gezimmerten Karren genannt, die aus ein paar Brettern und den mit Autoreifen überzogenen Kugellagern bestehen. Mit bis zu 80 Stundenkilometern rasen die für die Trucks so wichtigen Pannenfahrer die kurvige Straße hinunter. Seit über 20 Jahren ist Carlos bereits hier tätig und mag sich ein Leben ohne Linea 5 und den gefährlichen Job als Balinero nicht vorstellen.

Cali ist die Samba-Hauptstadt Kolumbiens und angeblich leben hier auch die schönsten Frauen des Landes. Die Anzahl wahrer Schönheiten in den Lokalen in der Zona Rosa, dem

Ausgehviertel der Stadt, ist atemberaubend. Aber es ist nicht alles echt, was so verführerisch aussieht, denn Schönheitsoperationen sind an der Tagesordnung.

Direkt an der Panamericana liegt Popayan, mein nächstes Etappenziel. Die Altstadt erscheint wie frisch aus einem Lehrbuch für spanische Kolonialarchitektur. Fünf mächtige Kirchen im Zentrum zeugen von der einstigen Bedeutung und dem vergangenen Reichtum der Stadt.

Auf dem Indio-Markt

Popayan liegt in der Provinz Cauca, einer eher gefährlichen Ecke des Landes. Ich lasse es mir aber trotzdem nicht nehmen, das Andendorf Silvia zu besuchen. Jeden Dienstag findet hier einer der ursprünglichsten Märkte des ganzen Landes statt. Die Guambiano-Indianer aus den umliegenden Dörfern verkaufen Gemüse und selbst gewebte Decken und Ponchos. Aber auch hier hat bereits die moderne Kommunikationstechnik Einzug gehalten. Am meisten Lärm macht ein Mobilnetzbetreiber, der über riesige Lautsprecher Werbung für neueste Nokia- und Motorola-Handys macht.

Meinen Plan, nach San Agustin zu fahren, kann ich vergessen: Die Piste führt durch Guerillagebiet. Die Einheimischen raten mir eindringlich davon ab, alleine mit dem Motorrad die Anden zu überqueren. Kolumbien hält einen traurigen Weltrekord. 2005 gab es 4000 Entführungen, das sind elf pro Tag. Da ich nicht ein Teil dieser makabren Statistik sein möchte, geht es auf der Panamericana weiter nach Ecuador. Nicht ohne vorher noch die Wallfahrtskirche El Santuario de las Lajas in der Nähe von Ipiales zu besuchen.

Sie ist spektakulär auf einer 45 Meter hohen Brücke über einer Schlucht errichtet, der Altar ist direkt in den Felsen hineingebaut. Die Kirche ist einer der beliebtesten Wallfahrtsorte des Landes, unzählige Danksagungstafeln zieren den Weg zur Brücke. Ich übernachte im nahe gelegenen Kloster in einer winzigen, spartanisch eingerichteten Schlafkammer und nehme langsam Abschied von einem Land, in das ich mit sehr gemischten Gefühlen eingereist bin und das ich morgen voller Dankbarkeit für die gastfreundlichen Kolumbianer verlassen werde.

ECUADOR UND GALAPAGOS

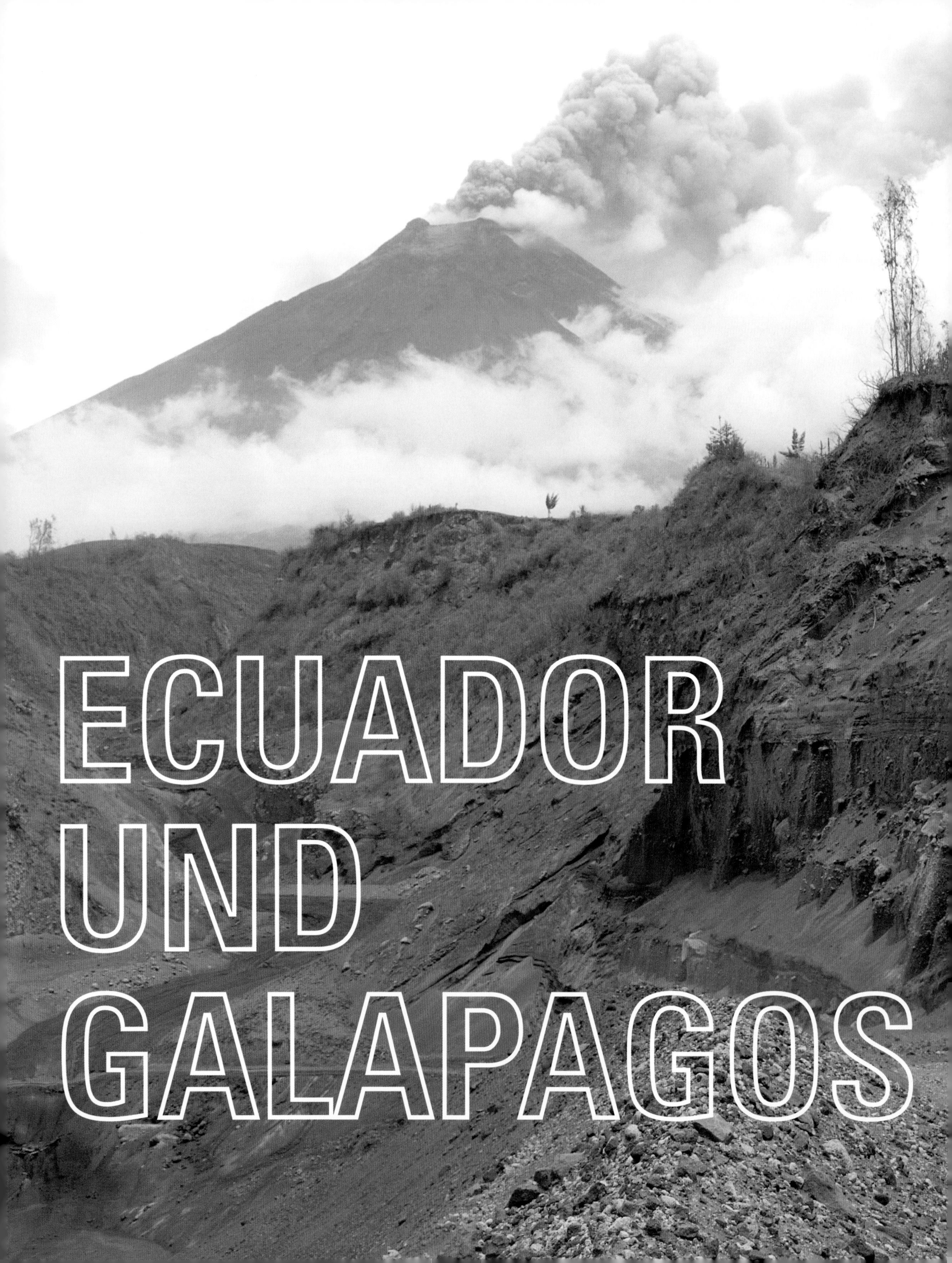

Zahlreiche Vulkane reihen sich in den Anden Ecuadors aneinander. Der Cotopaxi, unweit des Äquators gelegen, ist der höchste und imposanteste aktive Vulkan in diesem Land. Er fällt durch seine regelmäßige, kegelförmige Gestalt und seine Eiskuppe auf. Zudem ist er von der 20 Kilometer entfernten Hauptstadt Quito aus gut sichtbar. Die zu Ecuador zählenden Galapagos-Inseln, die aus 14 großen und über 100 kleinen Eilanden bestehen, faszinierten seit ihrer Entdeckung durch die Spanier im Jahr 1535 mit ihrem atemberaubenden und fragilen Artenreichtum erst die Wissenschaft – und heute die stets zahlreich ankommenden Touristen.

Im Land der Vulkane

„Straße der Vulkane" hat Alexander von Humboldt, der große deutsche Naturforscher, Anfang des 19. Jahrhunderts die Anden in Ecuador genannt. In seinen Berichten gerät er geradezu ins Schwärmen über die Schönheit dieser Landschaft. Das kann ich leider nicht nachvollziehen. Tief hängende Regenwolken versperren mir die Aussicht auf die angeblich so grandiose Bergwelt. Zum ersten Mal auf der Reise zwänge ich mich in die Regenkleidung und erreiche leicht durchfroren Quito, die Hauptstadt des Landes. In Mariscal in Quito treffe ich in einer Stunde mehr Touristen als in Kolumbien in vier Wochen. Eine Reiseagentur neben der anderen, haufenweise Internetcafés und dazu unzählige Bars und Restaurants. Aber die Stimmung ist etwas angespannt, denn am Sonntag sind Wahlen. Bereits ab Freitag gibt es keinen Alkohol mehr und die meisten Restaurants und Bars sind geschlossen.

Dessen ungeachtet braut der Schotte Albert Crutcher im The Turtles Head sein eigenes Bier und hat für seine Stammgäste geöffnet. Ich bin zwar kein Stammgast, aber Albert ist stolzer Besitzer einer 950 Adventure, ein totaler KTM-Fan und ich bin natürlich herzlich willkommen. Eine illustre Runde ist in der Bar: Carston und Carl arbeiten für eine kanadische Minengesellschaft. An der Grenze zu Peru wird nach Gold gesucht. Carl ist Geologe und kommt gerade von einem dreimonatigen Aufenthalt aus dem Urwald zurück.

Für 25 Jahre pachtet die Gesellschaft das Gebiet und geht damit ein hohes finanzielles Risiko ein, denn es ist ja nicht sicher, dass Gold in ausreichender Menge vorhanden ist. Seit drei Jahren suchen sie bereits, über 300 Meter tief sind die Probebohrungen. 150 Leute sind im Camp beschäftigt, das aus der Luft versorgt wird. Aber jetzt sind sie fündig geworden und Carston, der örtliche Geschäftsführer, ist guter Laune und gibt eine Runde nach der anderen aus.

Es geht auf über 4000 Meter

Aber wie werden die Wahlen ausgehen? Gewinnt der linkspopulistische Rafael Correa oder Alvaro Noboa, der reichste Mann des Landes. Das Ergebnis ist völlig offen. Aber alle hoffen endlich auf eine stabile Regierung. Bevor ich meine gesamte Reisekasse in den Restaurants und Cafés verprasse, mache ich mich lieber auf den Weg ins Amazonasgebiet. Zuerst muss der Andenhauptkamm überquert werden. Eine nagelneue Asphaltstraße führt auf den 4064 Meter hohen Papallacta-Pass. Es ist eisig kalt und mein Dank gilt dem Erfinder der Heizgriffe, die auf meiner KTM montiert sind. Ab der Passhöhe geht es nur noch abwärts. Mit jeder Kehre wird es wärmer, vor mir liegt der tropische Regenwald des Amazonasgebiets. Aber die Region Ornella ist auch das Hauptölfördergebiet Ecuadors. Wie riesige Würmer winden sich die Pipelines durch die Landschaft. Und ausgerechnet hier, mitten unter den Ölbohrtürmen gibt es kein Benzin. Seit drei Tagen sind alle Tankstellen in Coca trocken. Mañana, morgen soll der ersehnte Tankwagen kommen. Ich habe keine Lust, Tage in der hässlichen Ölstadt zu verbringen. Im nahe gelegenen Sechua soll es noch Benzin geben – meine letzte Chance, aber schon von Weitem sehe ich das Schild „No hay Gasolina". Auch hier sind die Benzinsäulen also trocken. Don Enrique tankt gerade seinen Traktor mit Diesel voll. Ich erkläre ihm meine Situ-

Vorangehende Doppelseite: Die Piste am Fuß des Tungurahua wurde beim letzten Ausbruch ziemlich zerstört (großes Bild). Traditionelle Trachten sieht man auf vielen Märkten, zum Beispiel in Guamote (kleines Bild).
Linke Seite: Im Zentrum von Cuenca herrscht reger Verkehr.
Unten: Mit vereinten Kräften werden die gravierenden Schäden des letzten Vulkanausbruchs behoben.

ation. Kein Problem, auf seiner Finca hat er noch einen vollen Benzinkanister. Als ich dafür bezahlen will, ist er fast beleidigt. Das sei doch selbstverständlich, nur zum Mittagessen muss ich dafür schon noch bleiben.

Im Einklang mit der Natur

Um den Regenwald etwas näher kennenzulernen, steige ich von der 100-PS-KTM in ein kleines mit reiner Muskelkraft betriebenes Kanu um. Bei einer Fischerfamilie in der Laguna Limoncocha finde ich eine Unterkunft für die nächsten drei Tage. Dass das Fischen nicht zu meinen Stärken zählt, habe ich schon immer gewusst, nur dass nach einer Stunde erst drei kleine Piranhas angebissen und mir 20 andere den Köder weggefressen haben, ist schon deprimierend. Aber es gibt ja noch Ronaldo, er hat mit dem Speer einen Prachtkerl erwischt – das Abendessen ist gesichert!

Die Fischer leben hier noch in völligem Einklang mit der Natur. Elektrischen Strom oder fließendes Wasser gibt es nicht. Nur das Knattern eines Außenbordmotors und der Fluglärm der tief fliegenden Hubschrauber einer Ölfirma stören die beschauliche Stille. Die Pisten sind kerzengerade durch den Dschungel gebaut. Rechts und links der Straße verläuft der undurchdringliche Regenwald. Entlang der Pipelines geht es weiter nach Lago Agrio. Die Stadt, die im Zuge der Erdölförderung schnell wächst, ist die Hauptstadt der Provinz Sucumbíos und angeblich eine der gefährlichsten Städte Ecuadors. Dubiose Kerle, Kleinkriminelle und Drogenhändler leben hier, angezogen vom schnellen Reichtum. Dazu schwappt der Guerillakrieg aus dem nahen Kolumbien herüber.

Das Alleinreisen ist vorbei

Am nächsten Morgen herrscht traumhaftes Wetter. Von meinem Hotelzimmer aus sehe ich die schneebedeckten Vulkane am Horizont. Es wird Zeit für mich, nach Quito zurückzukehren.

Die Zeit des Alleinreisens ist vorbei. Meine Frau Renate landet am Antonio José de Sucre Airport in Quito. Wegen seiner Lage mitten in der Stadt gilt er als einer der gefährlichsten Flughäfen der Welt.

Um Renate den Einstieg in die Reise möglichst angenehm zu gestalten, machen wir zuerst mit der „Free Enterprise" fünf Tage die Galapagos-Inseln unsicher: Schnorcheln mit Seelöwen, Schildkröten und Haien, Leguane zum Greifen nahe. Beim Fotografieren und Filmen müssen wir geradezu aufpassen, dass wir auf keinen treten. Trotz des extremen Touristenansturms können wir auf der Insel eine intakte Naturlandschaft bestaunen. Zum Abschluss besuchen wir noch die Charles-Darwin-Forschungsstation. Neben Forschung wird hier auch Aufzucht betrieben. Auf der Insel Espanola gab es vor 30 Jahren nur noch zwölf Schildkröten. Heute sind es dank des Zuchtprogramms wieder 1000. Es gibt derzeit zwischen 3000 und 7000 Schildkröten pro Insel – bevor die Menschen kamen, waren es noch 100000. Walfänger haben Tausende von ihnen als Proviant abgeschlachtet oder als Lebendproviant mitgenommen (eine Schildkröte kann bis zu einem Jahr ohne Wasser auskommen). Heute sind die Galapagos-Inseln ein kleines Paradies. Daran können auch eine defekte Klimaanlage am Schiff, rauer Seegang in der Nacht und ein chaotischer Guide, wegen dem wir unseren Rückflug nach Quito verpassen, nichts ändern.

Nach fünf Tagen auf See bin ich wieder heilfroh, festen Boden unter den Füßen zu haben, und wir feiern unsere Rückkehr aufs Festland mit einigen Bierchen bei Albert im „Turtles Head".

Die Adventure ist nun voll beladen mit dem Gepäck für zwei Personen. Entlang der Straße der Vulkane geht es weiter Richtung Süden. Es ist nur eine kurze Tagesetappe bis zum Cotopaxi-Nationalpark. Eine Kette quer über die Piste versperrt die Zufahrt in den Park. Als wir den Eintritt bezahlen, hat der Ticketverkäufer schlechte Nachrichten für uns: Seit Juli 2006 gibt es eine neue Verordnung. Die Zufahrt mit einem Motorrad ist strengstens verboten. Er zeigt mir auch gleich eine Kopie des Schreibens von der Nationalparkverwaltung.

Der Gipfel des Cotopaxi hüllt sich in dichte Wolken

Pseudo-Motorsportler haben mit ihren Hardenduros immer wieder die Pisten verlassen und eine Spur der Verwüstung durch die Landschaft gezogen. Mit dem Ergebnis, dass nun der Park für alle Motorradfahrer gesperrt ist. Aber ich bin in Südamerika und nicht in den Österreichischen Alpen, da muss es doch einen Weg geben. Ich verspreche dem Posten hoch und heilig, den Weg nicht zu verlassen, nur eine Nacht in der Tambopaxi-Lodge zu bleiben und am nächsten Morgen den Park wieder zu verlassen. Der Cotopaxi ist leider in Wolken und es beginnt leicht zu regnen, als wir die Lodge erreichen. 37 US-Dollar will der Wirt für ein Zimmer, da stellen wir doch lieber unser Zelt auf. Kaum sind wir fertig, wird der Regen stärker und ein Hagelsturm treibt uns in die gemütliche Gaststube. Ein kleiner Holzofen verbreitet angenehme Wärme. Nach einer Stunde ist der Spuk vorbei. Aber der Gipfel des Cotopaxi bleibt in den dichten Wolken für uns verborgen.

Der nächste Morgen bringt keine Wetterbesserung. Trotzdem fahren wir nicht auf der Hauptstraße, sondern wählen den Umweg über die Laguna Quilota. Hier herrscht richtige Weltuntergangsstimmung. Die Sicht beträgt zwei Meter, die Piste ist durch den Regen gefährlich rutschig und meine Landkarte taugt auch nichts.

Der eingezeichnete Weg zum Chimborazo ist nicht befahrbar, schweren Herzens müssen wir nach 15 Kilometern Plagerei im tiefen Schlamm umkehren und die Hauptstraße über Riobamba fahren.

Es ist ein bekannter Geruch, der aus dem kleinen Lokal direkt neben der Straße strömt. Es gibt Schweinebraten, und der schmeckt wirklich ausgezeichnet. Nur die leicht gesalzene, rohe Schweineschwarte zur Vorspeise entspricht so gar nicht meinem Geschmack. Mit den gegrillten Meerschweinchen, die überall angeboten werden, kann ich mich schon eher anfreunden. Sie sind optisch zwar etwas gewöhnungsbedürftig, gelten in Ecuador aber als Delikatesse. In Österreich bekäme man wahrscheinlich leichte Probleme, wenn man das Lieblingstier der Nachbarskinder sonntagnachmittags auf den Grill schmeißt.

Am Fuß des Chimborazo hat Marco Cruz das wahrscheinlich komfortabelste Basislager der Erde errichtet. Mit 90 US-Dollar für uns beide ist das kein billiges Vergnügen, aber das gute Essen, die gemütlichen Zimmer und vor allem der traumhafte Ausblick auf den schneebedeckten Doppelgipfel des höchsten Berges Ecuadors sind jeden Cent wert. Einen ersten Besteigungsversuch wagte bereits Alexander von Humboldt zusammen mit Aimé Bonpland und Carlos Montúfar im Juni 1802, bei dem sie eine Höhe von 5600 Metern erreichten. 1880 gelang schließlich dem englischen Bergsteiger Edward Whymper die Erstbesteigung des 6267 Meter hohen Gipfels. Ganz so weit kann ich mit dem Motorrad natürlich nicht fahren, auf 4850 Metern ist für mich Endstation.

Auf einem der ursprünglichsten Märkte von ganz Ecuador

Es ist bereits später Nachmittag, als wir die verschlafene Kleinstadt Guamote erreichen. Im Hotel Ramada Internacional sind noch alle Zimmer frei. Es deutet absolut nichts darauf hin, dass hier morgen einer der ursprünglichsten Märkte von ganz Ecuador stattfinden soll.

Bereits in den frühen Morgenstunden setzt dann allerdings eine kleine Völkerwanderung ein. Mit überfüllten Bussen, völlig überladenen Pick-ups und natürlich auch zu Fuß mit voll bepackten Eseln und Lamas strömen die Bewohner aus den Nachbarorten zum Markt. Die Vielfalt an indianischen Trachten und die ursprüngliche Marktatmosphäre machen den Markt in Guamote zu einem besonderen Erlebnis. Im Gegensatz zu dem viel bekannteren Markt in Otavalo sind große Touristengruppen hier noch eine Seltenheit.

Stundenlang schlendern wir durch den nun völlig überfüllten Ort. Die angebotenen Waren reichen von den landwirtschaftlichen Produkten der Bauern bis zu den obligatorischen Meerschweinchen. Uralte, gebrauchte Singer-Nähmaschinen werden ebenso angeboten wie nagelneue frisch aus China importierte Elektrorasierer. Eine ganze Seitengasse ist voll mit Huthändlern. Filzhüte in allen Variationen sind die standesgemäße Kopfbedeckung der indigenen Bevölkerung. Auch für das leibliche Wohl ist bestens gesorgt. Die frisch gebratenen Schweinehälften finden reißenden Absatz.

Linke Seite: Zum Fuß des Cotopaxi führt eine gute Schotterpiste (oben).
Eine ausgewachsene Boa besucht uns in der Gareno Lodge (unten).
Links: Auf staubigen Piste geht es durch den Regenwald.

Nachmittags verlassen wir das bunte Treiben und fahren weiter nach Baños. In Riobamba gibt es dann schlechte Nachrichten: Die Straße am Fuß des Tungurahua ist gesperrt. Mitte August 2006 ist der 5016 Meter hohe Vulkan zum letzten Mal ausgebrochen und hat Dörfer und Straßen im Chambo-Tal zerstört. Seither ist die Straße faktisch nicht mehr vorhanden, mit unserer KTM müsste die Fahrt aber möglich sein. Ganze Streckenabschnitte wurden im August in die Tiefe gerissen und müssen immer wieder notdürftig repariert werden. Nach jedem Regen schießen neue Schlammlawinen in die Tiefe. Auf staubigen Pisten fahren wir quer durch das zerstörte Gebiet. Der Blick auf den rauchenden Krater ist faszinierend und bedrohlich zugleich. Allzu lange sollten wir uns hier nicht aufhalten, obwohl es Spaß macht, die Offroad-Qualitäten der Adventure so richtig auszukosten.

Taranteln, groß wie Handteller

In Baños finden wir direkt im Zentrum das kleine Hostal Timara. Der Besitzer Paul ist Tarantelspezialist und zeigt uns stolz seine handtellergroßen Exemplare. Nur gut, dass sie in Glaskäfigen eingesperrt sind. Auf meine Frage, wo er denn die Spinnen her habe, antwortet er stolz, er habe alle selbst im Amazonasgebiet gefangen. Mike Sauer, ein Freund von ihm, betreibt im Tiefland die Gareno Lodge, die sollten wir unbedingt besuchen.

Auf einer spektakulären, entlang einer tiefen Schlucht gebauten Straße erreichen wir drei Stunden später bereits Tena im tropischen Regenwald. Hier treffen wir Pedro, der unseren Ausflug ins Huaorani-Gebiet organisiert. Die Lodge liegt als einzige im noch intakten Regenwald innerhalb des Indianer-Reservats. Die Huaoranis selbst haben diesem ambitionierten Tourismus-Projekt zugestimmt. Es gibt keinen elektrischen Strom in der Lodge. Dafür kann es schon vorkommen, dass einem beim Gang zum WC eine Vogelspinne oder eine Boa über den Weg läuft …

Am nächsten Morgen steht eine Wanderung durch den dichten Primärwald auf dem Programm. Unser Führer Meniwa ist völlig nackt, nur mit einem Blasrohr bewaffnet und führt uns durch sein Reich. Er zeigt uns das Nest des größten Adlers Südamerikas, der Harpyie. Hoch oben in den Urwaldriesen haben sie für uns völlig unsichtbar ihr Nest gebaut. Ein junger Greifvogel schaut auf uns herunter. Auf dem Rückweg finden wir noch den Rufous Potoo, einen äußerst seltenen Vogel, an dem ich ohne Meniwa mit Sicherheit vorbeigelaufen wäre. Zurück in der Lodge, spendiere ich ihm dann ein kühles Bier und zeige ihm auf meinem Laptop Bilder aus meiner Heimat. Für ihn eine völlig fremde Welt. Nicht jedoch für seine Kinder. In der von einer Ölfirma gebauten Schule gibt es bereits einen PC mit Internetanschluss.

Die Huaorani

Einst galten die Huaorani als die gefährlichsten Indianer am Oberlauf des Amazonas. Mitte des 20. Jahrhunderts hatten sie den ersten nichtkriegerischen Kontakt zur sogenannten Außenwelt. 1000–1500 Personen bewohnen heute ein Gebiet von 20000 Quadratmetern. Ihr Lebensraum erstreckt sich vom Rio Napo bis zum Rio Curaray. Ein Teil davon, das sogenannte Huaorani-Territorium, wurde ihnen 1990 als Grund und Boden garantiert. Das Tragische für die Indianer ist nur, dass sie auf einem riesigen Ölsee sitzen. Gegen dessen Ausbeutung und die daraus resultierenden Umweltschäden sind die Huaoranis machtlos. Ihnen gehört zwar das Land, aber die Bodenschätze sind im Besitz des Staates Ecuador. Sie können nur versuchen, sich so gut wie möglich mit den großen Ölförderfirmen zu arrangieren. Eine Schule, ein Sportplatz und ein Kindergarten werden als Gegenleistung gebaut. Klingt lächerlich, ist aber ein Fortschritt zu früheren Verhandlungen. Es ist noch nicht lange her, da wurde einer Dorfgemeinschaft das Förderrechte für Hunderttausende Liter Rohöl für 100 Kilo Reis, 25 Hefte, 25 Bleistifte, einen Lederfußball und eine ecuadorianische Flagge „abgekauft".

Wie man eine Kupplung ruiniert

Eigentlich habe ich vorgehabt, im Tiefland über Macas weiter Richtung Süden zu fahren. Aber auf der Straße nach Puyo sehen wir noch einmal den Gipfel des Tungurahua, dieses Mal von Schnee bedeckt. Das müssen wir uns aus der Nähe ansehen. Erneut befahren wir die gesperrte Piste. Durch starken Schneefall und Regen sind neue Schlammlawinen ins Tal gerast, riesige Felsbrocken versperren uns den Weg. Eine Gruppe Einheimischer versucht den Weg frei zu räumen. Es wird noch Stunden dauern, bis hier ein Auto weiterfahren kann. Mit dem Motorrad kann ich gerade noch passieren – um 200 Meter weiter im Schlamm zu stecken. In diesem zähen Brei gibt es kein Weiterkommen. Ich weiß, in spätestens einem halben Tag wird das Ganze hart wie Beton und es wird mit jeder Stunde schwieriger, die KTM freizubekommen. Der rauchende Vulkan im Hintergrund trägt auch nicht gerade zur Nervenberuhigung bei. Während Renate Hilfe holt, versuche ich mit schleifender Kupplung irgendwie aus dem Schlamassel herauszufahren. Mit dem Resultat, keinen Meter vorwärtszukommen, dafür aber die Kupplung völlig zu vernichten. Als letzte Rettung kommt Renate mit zehn Männern und einem langen Seil zurück. Mit vereinten Kräften wird die Adventure auf festen Boden gezerrt. Weiterfahren geht nicht mehr, wir müssen froh sein, mit der ruinierten Kupplung überhaupt noch die 20 Kilometer retour nach Baños zu schaffen. Die steilen Passagen schieben wir die 250 Kilo schwere Maschine, fahren können wir nur noch auf der Geraden. Zurück bei Paul, telefoniere ich mit dem KTM-Importeur in Cuenca, der die Kupplungsscheiben auf Lager hat. Die gebirgige Strecke bis dorthin können wir unmöglich fahren. Die Adventure wird auf die Ladefläche eines Pick-ups verladen. In Cuenca tauscht Luis, der geschickte Mechaniker, die Kupplungsscheiben, das Lager der Druckplatte und wechselt das Öl. Der Weiterfahrt in den Süden steht nichts mehr im Weg.

Unser letzter Tag in Ecuador ist wie mein erster: dichter Nebel und leichter Nieselregen. Von der angeblich so schönen Landschaft sehen wir wieder einmal nichts. Dafür ist auf der rutschigen Straße höchste Konzentration angesagt, um nicht in den Abgrund zu stürzen. Die Ausreise über Macará ist eine Formsache und in wenigen Minuten erledigt. Wenn nicht gerade der Computer streiken würde.

Linke Seite: Der Vorteil der digitalen Fotografie: Man kann sich das Ergebnis sofort am Monitor anschauen.

Rechts: Meniwa, unser Huaorani-Führer, trinkt auch ganz gerne ein kühles Bier.

Nächste Doppelseite: Selbst aus sicherer Entfernung ist der Blick auf den rauchenden Tungurahua noch Furcht einflößend.

Übernächste Doppelseite:

Mit dem Boot geht es durch das Naturparadies der Galapagos-Inseln (oben links).

Drei Piranhas sind die traurige Ausbeute von zwei Stunden Angeln (unten links).

Pedro schneidet die Köder zum Piranha-Fischen (oben rechts).

Die schlammigen Pisten im Amazonasgebiet bestätigen mir, dass ich den Pirelli MT21 nicht umsonst montiert habe (unten rechts).

uvex
uvex

PERU

In Peru kann man die Größe längst vergangener Reiche erahnen: Riesige Ruinenstädte und alte Sonnenpyramiden – sie sind über das ganze Land verteilte Zeugen längst vergangener Kulturen. Hoch oben, in den steilen und saftig-grünen Bergen Perus thront die ehemalige Inkafeste Machu Picchu. Über den steilen, nicht mit Leitplanken versehenen und an Serpentinen reichen Abra-Malaga-Pass gelangt man zu diesem weltbekannten Ort. Hier kann man noch heute die ehemalige Größe und Macht des Inkareiches spüren. Ebenso in Chan Chan, der ehemaligen Hauptstadt des Chimúreiches: In dieser aus Lehmziegeln gebauten Stadt lebten einst bis zu 100.000 Menschen.

Stippvisite in Machu Picchu

Langsam werde ich ungeduldig: Das ist nun schon das zweite halb ausgefüllte Formular, das der Zollbeamte vor meinen Augen zerreißt. Der Fehler liegt aber nicht bei mir, sondern bei dem ausfüllenden Beamten, der heute seinen ersten Arbeitstag haben dürfte und große Probleme damit hat, die Motorraddaten richtig vom Zulassungsschein abzuschreiben. Spätestens bei der 17-stelligen Fahrgestellnummer kommt er an seine schreibtechnischen Grenzen.

Mein Angebot, das Formular für ihn auszufüllen, lehnt er erbost ab. Er ist schließlich hier der diensthabende Beamte. Beim dritten Anlauf ist das Ergebnis zwar nicht völlig fehlerfrei, aber dafür wenigstens lesbar. Voller Stolz überreicht er mir das Formular und wünscht mir „Mucha suerte!“, viel Glück auf meiner weiteren Reise. Er ist von der anstrengenden Arbeit völlig geschafft und schließt nun sein Büro für eine Siesta.

Seit einigen Kilometern blinkt bereits die Reservelampe, bis nach Sullana sollte es aber noch reichen. In der Stadt gibt es Benzin, allerdings nur mit der zweifelhaften Qualität von 84 Oktan. Trotzdem wird vollgetankt, es geht weiter entlang der Panamericana Richtung Süden. Die Traumstraße des Kontinents ist ein Asphaltband bis zum Horizont. Über 200 Kilometer geht es schnurgerade durch die Desierto de Sechura, eine öde Steinwüste, nur vereinzelt tauchen Sanddünen auf. Irgendwie erinnert mich die Szenerie an die Sahelzone in Afrika. Müllberge neben der Straße kündigen die nächsten Dörfer an, die an Trostlosigkeit kaum zu überbieten sind. Dazu ein starker Gegenwind, der das Mo-

torradfahren zu keinem Vergnügen macht. Nicht gerade eine Traumstrecke. Ich bin froh, eine KTM mit 100 PS zu haben, da ist die eintönige Etappe in zwei Stunden abgespult. Kurz vor Chiclayo traue ich dann meinen Augen nicht. Ein einsamer Radfahrer kämpft sich gegen den Wind Richtung Süden: Peter aus Dresden ist mit seinem voll bepackten Drahtesel unterwegs nach Feuerland. Am 1. Juni ist er in Alaska gestartet, Ende Februar möchte er Ushuaia erreichen. Er hat schon viel erlebt auf den bisherigen 17 000 Kilometern, aber der heutige Tag war einer der härtesten. Um drei Uhr morgens ist er gestartet und hat bereits 140 Kilometer zurückgelegt. Davon musste er wegen des starken Gegenwinds 100 Kilometer im Stehen fahren. Eine unglaubliche Leistung, denn das Fahrrad samt Gepäck wiegt 50 Kilo. Wer nun sagt, das würde ich ja auch gerne machen, bin aber schon zu alt für solche Abenteuer, dem sei gesagt, dass Peter bereits 67 Jahre alt ist.

Hochsaison für Eisverkäufer

Es ist gar nicht so einfach, in Huanchaco am Samstagnachmittag noch ein freies Zimmer zu finden. Der kleine Fischerort am Pazifik ist am Wochenende ein beliebtes Ausflugsziel der Stadtbewohner. Die Restaurants sind gefüllt, Berge von Cheviche, dem peruanischen Nationalgericht, werden serviert. Cheviche, das sind mit Zitrone, Zwiebeln, Kräutern und Gewürzen marinierte rohe Meeresfrüchte. Das sollte man wirklich nur dort essen, wo der Fisch garantiert frisch ist, und die Restaurants von Huanchaco sind ein idealer Platz dafür. Am Sonntag ist die einzige Hauptstraße im Ort dann völlig verstopft. Tausende Menschen aus dem nahen Trujillo nützen den freien Tag für einen Ausflug an die Küste. Die Eisverkäufer an der Strandpromenade haben Hochsaison. Gegen wenig Geld vermieten die Fischer ihre Caballitos de Totora, die traditionellen Schilfboote, an die Stadtmenschen. Am späten Nachmittag ist der Spuk dann wieder vorbei. Die Autokarawane hat das kleine Dorf Richtung Süden verlassen und es kehrt wieder der Alltag ein. Die Schilfboote werden nun wieder für ihren eigentlichen Zweck, das Fischen, verwendet. Geschickt wie Surfer gleiten die Fischer auf ihren schmalen langen Booten durch die Brandung.

Die untergegangene Hauptstadt

Huanchaco ist unser Ausgangspunkt für die Besichtigung der historischen Anlagen in der näheren Umgebung. Chan Chan war einst die Hauptstadt eines mächtigen Reiches. Zur Blütezeit im 13. und 14. Jahrhundert lebten hier bis zu 100 000 Menschen. Es gibt keine größere Stadtanlage, die nur aus Lehmziegeln erbaut wurde. Aber der Zahn der Zeit hat Chan Chan ordentlich zugesetzt. Von Weitem gleicht die Anlage einem riesigen Trümmerfeld. Aber der Palacio Tschudi, der Zeremonialpalast, ist relativ gut erhalten. Die vier Meter dicken und über zehn Meter hohen Adobemauern sind mit fein gearbeiteten Ornamenten verziert, die Fische und Pelikane darstellen. Sieben Kilometer außerhalb von Trujillo stoßen wir auf die größte Lehmpyramide Südamerikas, erbaut von den Mochia, die begnadete Architekten waren. Um in der menschenfeindlichen Küstenwüste überleben zu können, schufen sie gigantische Bewässerungssysteme. Die Huaca del Sol war ursprünglich 340 mal 220 Meter groß und 41 Meter hoch. 140 Millionen Adobeziegel wurden zu ihrem Bau benötigt. Wie so oft in Südamerika haben die Spanier nach Goldfunden einen Teil des Gebäudes zerstört. Aber auch der übrig gebliebene Rest ist gigantisch. Winzig wirkt unsere Adventure vor der Sonnenpyramide.

Vorangehende Doppelseite: Auf einer schwankenden Hängebrücke überqueren wir den reißenden Urubamba (großes Bild). Machu Picchu, eines der „sieben neuen Weltwunder" (kleines Bild).

Linke Seite: Caballitos de Totora werden die traditionellen Schilfbote in Huanchaco genannt (oben). Machu Picchu, die bekannteste Stadt der Inkas, ist noch gut erhalten (unten).

Wir könnten jetzt natürlich auf der mehrspurig ausgebauten Panamericana weiter Richtung Süden fahren, aber das ist nun doch etwas zu einfach und auch relativ langweilig. Vor Chimbote verlassen wir die Hauptstraße und fahren auf einer staubigen Piste entlang des Rio Santa in die Berge. Die Piste ist in einem schlechten Zustand. An die groben losen Steine muss ich mich nach Hunderten von Kilometern auf bestem Asphalt erst wieder gewöhnen. Die schmale Trasse ist aus dem steilen Felsen herausgesprengt, aber Leitplanken gibt es natürlich nicht. Ein Ausritt hätte fatale Folgen: Einen Sturz in die 30 Meter tiefe Schlucht würden wir wohl nicht überleben. Die unzähligen Tunnel sind unbeleuchtet, und hoffentlich kommt uns hier kein Lkw entgegen. Der Schnitt sinkt auf unter 40 km/h, mit voller Konzentration sind wir bereits Stunden unterwegs. Die KTM wird unruhig, das Vorderrad hat keine Führung mehr. Reifenschaden! Ein Dorn hat sich in den Vorderreifen gebohrt. Zeit für meine „Lieblingsbeschäftigung“: Reifen flicken. Nachdem bei der Air-Gun die Dichtung defekt ist und die CO_2-Patronen daher wertlos sind, muss wieder die gute alte Handpumpe herhalten. Eine schweißtreibende Angelegenheit in der brütenden Mittagshitze. Es sollte aber der einzige Reifenschaden auf der gesamten Reise bleiben.

Cañón del Pato, Entenschlucht, wird der spektakulärste Abschnitt der Straße nach Caraz genannt: links die steilen Felsen der Cordillera Blanca, rechts die Cordillera Negra und tief unter uns der Rio Santa. Eine ehemalige Eisenbahntrasse wird heute als Straße benutzt. Wir haben 36 Tunnel durchfahren, als das Tal breiter wird und wir unser Tagesziel Caraz erreichen. Das kleine Hotel an der Plaza de Armas hat keine Garage. Gemeinsam schieben wir die Adventure in die Rezeption, essen eine kleine Pizza und schlafen völlig geschafft ein.

Oben: Von den mächtigen Bauten der Inkas sieht man heute in Cusco nur noch die Grundmauern.
Linke Seite: Die prächtige Iglesia la Compañía steht an der Plaza de Armas im Zentrum von Cusco (oben).
Ein blonder Österreicher auf einer KTM Adventure ist die Attraktion am Markt in Willoq (unten).

Achtung: Höhenkrankheit!

Schon um sieben Uhr brechen wir auf: Das herrschende Kaiserwetter wollen wir natürlich ausnutzen. Schon von Weitem ist der markante 6768 Meter hohe Gipfel des Huascarán sichtbar. Wir bezahlen unseren Eintritt in den Nationalpark und erreichen nach unzähligen Schotterkehren die Laguna Chinancocha. Der Blick auf die schneebedeckten Andengipfel ist atemberaubend. Ein Gebirgspanorama, das seinesgleichen sucht. Das müssen wir natürlich auf Bild und Video festhalten. Bis alles im Kasten ist, muss ich dieselbe Kehre des Öfteren fahren und bin bereits völlig außer Atem. Ich habe die Höhe völlig unterschätzt. Wir sind bereits seit Stunden auf über 4 500 Metern unterwegs. Am Pass Portachuelo de Llanganuco erreichen wir mit 4 737 Metern den höchsten Punkt, es stellen sich leichte Kopfschmerzen ein. Die ersten Anzeichen der gefährlichen Höhenkrankheit. Wir müssen schleunigst tiefere Regionen ansteuern.

Kehre um Kehre schrauben wir uns talwärts und erreichen vier Stunden später die kleine Ortschaft Huari auf 3 000 Metern. Es gibt zwar Benzin, aber weiterfahren können wir trotzdem nicht: Die Straße nach Chavín ist gesperrt, sie wird gerade neu gebaut. Erst um 18 Uhr wird sie für eine halbe Stunde freigegeben. Wir nützen die erzwungene Pause, um eine köstliche Trucha (Forelle) zu speisen.

Kurz vor 18 Uhr herrscht an der immer noch geschlossenen Schranke eine Stimmung wie beim Start eines Autorennens. Taxis, Lkw und Pickups streiten sich um die besten Startplätze. Ich dränge mich in die erste Reihe, denn ich möchte ja auch nicht im aufgewirbelten Staub der anderen fahren. Die Dame an der Schranke zeigt noch zwei Minuten an. Alle starten die Motoren und beginnen ungeduldig zu hupen, aber die Lady lässt sich nicht beirren. Pünktlich um 18 Uhr wird geöffnet und da hat doch glatt ein Taxi einen besseren Start als ich erwischt. Bei der ersten Schotterkehre wird es aber innen ausgebremst und als Führender geht es im Höllentempo nach Chavín.

Ab 18.30 Uhr wird es sehr schnell finster. Der entgegenkommende Verkehr zieht lange Staubfahnen nach sich, die Sicht ist deswegen und wegen der Dunkelheit miserabel und die Sache wird richtig gefährlich. So sind wir heilfroh, als die Lichter von Chavín auftauchen.

Ein nobles Nachtlager

Die Ruinenanlage von Chavín de Huántar gilt als das älteste Steinbauwerk in Peru. Sie liegt aber weitab vom Haupttouristenstrom und wird entsprechend selten besucht. Auf Besuchermassen wie in Machu Picchu trifft man hier sicher nicht. Ganz alleine schlendern wir über die beeindruckende Anlage, kriechen durch unterirdische Gänge und stehen bewundernd vor El Lanzón. Der 4,50 Meter hohe Granit-Monolith zeigt ein Raubtiergesicht mit zahlreichen Schlangen in den Zähnen. Welch geheimnisvolle Riten mögen hier wohl stattgefunden haben? Über eine weite Punalandschaft führt anschließend die Piste zum Abra Yanashalla auf fast 5 000 Meter und es bietet sich ein letzter Rundblick auf die Eisriesen der Cordillera Blanca.

Starker Regen prasselt anderntags auf das Blechdach unserer kleinen Pension. Wie wird die Piste wohl aussehen? Wie befürchtet ist sie mit tiefen Furchen durchzogen. Lkw und Busse bleiben im tiefen Schlamm stecken, und die Passagiere gehen zu Fuß weiter. Mit dem Motorrad haben wir kein Problem. Vor Cerro de Pasco auf 4 300 Meter beginnt es leicht zu schneien. Es ist eisig kalt und die Straße höllisch glatt: Es macht keinen Spaß mehr, weiterzufahren, und wir übernachten in La Oroya. Ein absolut trostloses Kaff, bestehend aus Wellblechhütten und einer riesigen Mine. Mit eisig kaltem Wasser wasche ich mir den Staub und Dreck einer langen Etappe aus den Haaren. Das einzig Aufbauende ist die warme Wantan-Suppe im Chinarestaurant.

Die 120 Kilometer nach Huancayo sind am nächsten Vormittag auf einer gut ausgebauten Straße in einer guten Stunde zurückgelegt. Die Auswahl an Hotels ist riesig und wir gönnen uns zur Belohnung einmal eine bessere Unterkunft.

Das Hotel Turismo ist in einem alten Kolonialgebäude untergebracht. Der Hoteldiener mit Krawatte und weißem Hemd bringt unser verdrecktes Gepäck auf das Zimmer. Auf meine Frage, ob es auch warmes Wasser gebe, antwortet er völlig verdutzt: „Natürlich! 24 Stun-

den am Tag." Während Renate noch die Taschen auspackt, stehe ich schon unter der heißen Dusche – herrlich!

43 450 Höhenmeter

Zwischen Huancayo und Ayacucho ist unsere Karte völlig falsch. Schier endlos windet sich die schmale Piste über Bergkämme und tiefe Schluchten. Wegweiser gibt es keine, bei den vielen Kreuzungen muss ich mich auf meinen Spürsinn verlassen. Der Nebel wird immer dichter, fast im Schritttempo kriechen wir die kurvige Piste ins Tal hinunter. In dem kleinen Dorf am Ufer des Rio Mantaro ist gerade Markt und wir sind die Attraktion. Hunderte Menschen stehen staunend um unser Motorrad. Nur sehr selten dürften sich Motorradreisende in diese Ecke von Peru verirren.

Es ist dann bereits später Nachmittag, als wir Ayacucho erreichen. Der „Winkel der Toten", wie Ayacucho übersetzt heißt, war einst das Zentrum der Guerillabewegung Sendero Luminoso, der „Leuchtende Pfad". Jahrelang war es nicht möglich, diese Region zu besuchen, heute ist es angeblich wieder friedlich. Wir sind trotzdem froh, die Stadt vor Einbruch der Dunkelheit erreicht zu haben. Unzählige Kurven und Kehren auf staubigen Pisten entlang der Anden liegen bereits hinter uns und bis Cusco sind es immer noch zwei Tage. Nach 43 450 Höhenmetern in nur 14 Tagen erreichen wir ziemlich geschafft die einstige Hauptstadt des Inka-Imperiums. Das entspricht einem Schnitt von 3 103 Höhenmeter pro Tag oder, zum Vergleich, zwei Mal täglich der Großglockner Hochalpenstraße, nur eben auf staubig-steinigen Pisten in eisigen Höhen bis zu 5 000 Meter und nicht auf einer gut ausgebauten Asphaltstraße.

Ich habe mich schon den ganzen Tag auf ein kühles Bier an der Plaza de Armas in Cusco gefreut. Aber die Kellnerin muss es mir verweigern. Am Sonntag sind Wahlen in Peru und da gibt es zwei Tage lang keinen Alkohol. Mir sind unterwegs schon die vielen Plakate aufgefallen. Ungewohnter Anblick für einen Europäer: In Peru sind die Wahlplakate und die Stimmzettel mit Symbolen gekennzeichnet, damit auch Analphabeten wählen können.

Cusco ist das Touristenzentrum Perus, der Ausgangspunkt für das wohl berühmteste Bauwerk Südamerikas, Machu Picchu. Bis zu 4 000 Besucher täglich machen sich auf den Weg zur Inkafestung. Der Großteil wählt die bequeme

Linke Seite: Auf überladenen Lastwagen wird zum Markt gefahren (oben). Ein Hirtenjunge in den peruanischen Anden (unten).
Oben: Chicha, das lokale Maisbier, ist nicht ganz nach meinem Geschmack.
Nächste Doppelseite: Quer durch die Cordillera Blanca führt eine der schönsten Anden-Pisten (links oben). Der Nachwuchs wird in Peru einfach auf den Rücken geschnallt (links unten). El Lanzón, ein 4,5 Meter hoher Granit-Monolith in Chavín de Huántar (rechts oben). Unzählige Schotterkehren führen auf den Pass Portachuelo de Llanganuco (rechts unten).

Anreise mit der Eisenbahn. Wanderer wählen den völlig überlaufenen Inca-Trail. Aber es gibt noch einen anderen Weg, über den Abra-Malaga-Pass. Die Auffahrt zur Passhöhe ist eine nagelneue, kunstvoll in Serpentinen angelegte Straße. Ab der Passhöhe wird es dann abenteuerlich. Die Piste ist spektakulär aus den Felsen geschlagen, Hunderte Meter tiefe Abgründe direkt neben der schlammigen, rutschigen Fahrbahn und Leitplanken gibt es nicht, ein Fahrfehler hätte fatale Folgen. Je näher wir unserem Ziel, der Eisenbahnstation Hydro Electrica kommen, desto schlechter wird die Piste. Ein einsamer Raupenfahrer kämpft gegen die Naturgewalten und versucht die Schäden des letzten Erdrutsches zu beseitigen. Zu guter Letzt wird noch der reißende Urubamba auf einer schwankenden, eigentlich für Fußgänger gebauten Hängebrücke überquert. Das sind dann die Momente, in denen sich Renate fragt: „Womit habe ich das verdient?"

Die letzten acht Kilometer nach Aguas Calientes müssen auch wir mit dem Zug zurücklegen, um am nächsten Morgen um fünf Uhr aufzustehen. Wir wollen mit dem ersten Bus zu den Ruinen fahren, um dem großen Besucheransturm zu entkommen. Auch wenn wir das Bild der Anlage schon oft in Büchern gesehen haben. Das Gefühl, selbst am Aussichtspunkt zu sitzen und die gesamte Anlage im Morgenlicht zu sehen, ist überwältigend. Die vom Tal heraufziehenden Nebelschwaden verstärken die mystische Stimmung und als gegen zehn Uhr dann Horden von Besuchern heranströmen, haben wir schon alles besichtigt und sind bereits auf dem Heimweg.

Auf der Rückfahrt nach Cusco schauen wir noch in Willoq vorbei. Angeblich leben hier die letzten Nachfahren der Inkas aus Cusco. Es ist Markttag in Willoq, da wird gefeiert und das Bier fließt in Strömen. Aber nicht das mir be-

Links: Auf einer ehemaligen Eisenbahntrasse geht es durch den Cañón del Pato.
Rechte Seite oben: In der eisigen Morgenkälte wartet Renate am Mirador Cruz del Condor auf das Auftauchen eines Kondors.

kannte Märzen oder ein goldgelbes Pils, sondern Maisbier: Wieder einmal werden meine Geschmacksnerven auf eine harte Probe gestellt. Rein optisch ist die gräuliche, schäumende Brühe schon keine Offenbarung. An den leicht säuerlichen Geschmack könnte ich mich gerade noch gewöhnen, an die Methode der Herstellung jedoch sicher nicht. Die Frauen kauen nämlich den Mais, spucken ihn dann in den Bottich, wo er durch die Amylase des Speichels zur Gärung kommt. Eigentlich reicht mir der erste Becher völlig. Aber Francisco in seinem roten Poncho neben mir hat kein Erbarmen: Schon hat er die nächste Runde bestellt. Wer weiß, wann sich wieder ein Fremder in das abgelegene Valle de Pataqancha verirrt?

Besser schmeckt da schon ein Piso Sour in der „Norton Rats“-Bar, dem Treffpunkt der Motorradreisenden in Cusco. Beim Honda-Händler Chamorret in der Avenida Hainacapac wird eine neue Garnitur Pirelli montiert und auf frischen Stollen nehmen wir die Piste zum Colca Canyon in Angriff. Die gute Piste und die neuen Reifen lassen ein flottes Tempo zu. In der Ortschaft Pinchollo übernachten wir in einem kleinen Hostal.

Es ist eisig kalt am nächsten Morgen. Wir stehen zeitig auf, um den Kondor zu sehen. Vier Stunden sitzen wir dann aber am Mirador Cruz del Condor, um nichts zu sehen. Enttäuscht gehen wir zu unserem Motorrad zurück. Gerade als ich den Helm aufsetzen will, gleiten drei Kondore fast lautlos die Schlucht empor. Ich laufe in voller Montur zurück und komme völlig atemlos oben an – gerade noch rechtzeitig, um einige Bilder zu schießen.

Die letzten Kilometer vor Juliaca wären uns dann fast zum Verhängnis geworden. Regen, Gummiabrieb und Öl haben die Straße in eine Rutschbahn verwandelt. Eigentlich wollte ich bei der Mautstation schon bremsen, aber die Räder blockieren und es geht dahin wie auf Glatteis. Da hilft nur eins, sofort Bremsen lösen und mit vollem Karacho beim verdutzt dreinschauenden Kassier vorbeisausen. Das war wirklich knapp!

Der Flug des Kondors

Bei den Inka galt der Kondor einst als Symbol der Sonne, als Bote der Götter. Heute ist er vom Aussterben bedroht! Einen Kondor majestätisch seine Kreise ziehen zu sehen, gehört mit zu den beeindruckendsten Erlebnissen einer Südamerikareise. Aber die Könige der Lüfte sind selten geworden. Es gehört schon eine große Portion Glück dazu, einen Kondor aus der Nähe zu sehen und nicht nur als kleinen Punkt hoch am Himmel. Gute Aussichtspunkte zur Kondorbeobachtung sind der Colca Canyon in Peru und der Nationalpark Torres del Paine in Südchile. Vormittag ist die beste Zeit, wenn die Morgensonne die Berghänge aufheizt und die Kondore den thermischen Aufwind für ihre Langstreckenflüge nützen. An schönen Tagen fliegen sie auf der Suche nach Nahrung bis zu 250 Kilometer weit, bei Regenwetter bleiben sie am Boden. Mit über drei Metern Spannweite sind sie die größten flugfähigen Vögel überhaupt. Der Andenkondor (*Vultur gryphus*) kann bis zu 70 Jahre alt werden. Auch der Tod der Andenkondore ist mystisch: Sie verenden nicht einfach oder werden – alt und krank – Opfer von Raubtieren. Nein, sie schwingen sich in luftige Höhen, stürzen sich dann im Sturzflug hinab, um an einer Felswand zu zerschellen.

BOLI

VIEN

Bolivien sitzt auf riesigen Vorkommen an Bodenschätzen. So schufteten in der Silbermine Potosi einst die Indios wie Sklaven unter unmenschlichen Bedingungen. Und hier arbeiten auch heute noch 15000 Menschen – nun allerdings freiwillig auf der Suche nach Wohlstand, ruinieren sich dabei aber die Gesundheit. Bei der Fahrt durch Bolivien stößt man immer wieder auf Hinweisschilder am Straßenrand, die vor querenden Lamas warnen, der einzigen Gefahr für Motorradfahrer auf den Straßen. Die Reise strebt dem mit 12000 Quadratkilometer größten Salzsee der Welt entgegen, dem Salar de Uyuni.

Motorrad-Höhentraining auf knapp 5800 Metern

Man kann Copacabana am Titicaca-See zwar nicht mit dem berühmten Strand von Rio de Janeiro vergleichen, aber trotzdem genießen wir das Dolce Vita an der Strandpromenade. Zum ersten Mal seit Tagen können wir ohne dicken Pullover und Motorradjacke in der warmen Nachmittagssonne sitzen. Der gegrillte Fisch ist frisch aus dem See, mit einer Flasche Bier dazu kostet unser Abendessen 22 Bolivianos, also rund zwei Euro. Ich bestelle gerade die nächste Flasche, als die Sonne hinter den Bergen verschwindet und innerhalb kurzer Zeit wieder eisige Temperaturen herrschen. Wir hatten fast vergessen, dass wir uns auf 3800 Metern befinden. Eine der vielen Fähren bringt uns über den Estrecho de Tiquina, an der mit 800 Meter schmalsten Stelle des Sees. Je näher wir La Paz kommen, desto größer wird das Verkehrsaufkommen. In El Alto beginnt dann das richtige Verkehrschaos: Fast eine Million Menschen leben hier auf 4000 Metern, all jene, die sich eine Wohnung im tiefer gelegenen La Paz nicht leisten können. Eine mautpflichtige Autobahn führt in großen Serpentinen vom Altiplano hinunter nach La Paz. Mitten im Zentrum in der Calle Sagarnaga finden wir das Hotel Maya Inn, das sogar eine Garage für das Motorrad anbietet. Der Kontrast zwischen Arm und Reich ist enorm. Der Höhenunterschied zwischen den talabwärts gelegenen südlichen Stadtteilen mit vielen Villen und Nobelboutiquen und El Alto am Rande der Hocheben beträgt 1000 Meter. Die Höhenlage steht also im direkten Verhältnis zur Kaufkraft der Bewohner. Je weiter oben, desto ärmer sind die Bewohner, je tiefer und je angenehmer das Klima wird, desto reicher sind die dort lebenden Menschen.

Tradition und Moderne

La Paz ist eine faszinierende Mischung aus traditionellem und modernem Leben: armselige Bretterhütten neben sterilen Wolkenkratzern. In den Einkaufszentren gibt es die neuesten Großbildfernseher zu kaufen, auf den Bürger-

Vorangehende Doppelseite: Mitten im Salar de Uyuni stehen auf der Isla Incahuasi jahrhundertealte Kakteen (großes Bild). Querende Lamas sind die größte Gefahr auf den einsamen Straßen Boliviens (kleines Bild). Links: La Paz, die größte Stadt Boliviens, liegt auf fast 4000 Metern Höhe.

steigen davor warten die Schuhputzer, um sich ein paar Bolivianos zu verdienen. In der Calle Linares, der Zaubergasse, werden Mittelchen gegen alle möglichen Krankheiten und böse Geister angeboten. Eine Kräuterhexe will mir unbedingt Lama-Embryos verkaufen. Die werden beim Hausbau in die Fundamente eingemauert und halten böse Geister fern. Ich muss leider ablehnen, mein Haus ist schon fertig und außerdem hätte ich mit dieser Fracht wahrscheinlich leichte Probleme bei der Einreise am Salzburger Flughafen. Aber die Calle Linares hat viel von ihrem ursprünglichen Flair verloren. Die Kräuterhexen verkaufen zwar immer noch ihre Mittelchen, aber das Hauptgeschäft wird mit dem Souvenirverkauf gemacht. Die Marktfrauen haben sich schnell an die Bedürfnisse der Touristen angepasst.

Es ist Dezember, und für einen echten Salzburger wird es Zeit, sich die Ski anzuschnallen. Die Anfahrt nach Chacaltaya ist bereits abenteuerlich. Eine schmale Schotterstraße schraubt sich in engen Kehren immer höher. Auf 5300 Metern ist dann der Parkplatz erreicht. Nur mit dem Skifahren wird es nichts. Der Lift des höchstgelegenen Skigebietes der Welt ist außer Betrieb. Der einst mächtige Gletscher ist bis auf zwei winzige Restflecken geschmolzen. 1990, als ich zum ersten Mal hier war, habe ich noch meine Schwünge in den steilen Hang gezogen. Heute kann ich nur ein paar Tassen Coca-Tee trinken und einen traurigen Blick auf die kümmerlichen Gletscherreste werfen. Die Luft ist ziemlich dünn in Chacaltaya und die dunklen Wolken am Horizont verheißen auch nichts Gutes. Nach einem nur sehr kurzen Aufenthalt fahren wir zurück in das Treiben der Großstadt. Für den kleinen Hunger werden an jeder Straßenecke, auf jedem größeren Platz Saltenas angeboten. Diese kleinen Teigtaschen, gefüllt mit Rind- oder Hühnerfleisch, sind das Nationalgericht der Bolivianer. Frisch aus dem Backofen sind sie ein Gedicht. Es ist eine Kunst, sie zu essen, ohne sich von oben bis unten mit der brennheißen Soße aus dem Inneren zu bekleckern. Auch die Auswahl an Restaurants ist riesig. Es ist unvorstellbar, welche Mengen an Fleisch eine bolivianische Familie zum Mittagessen verdrücken kann.

Der Weg zurück zu unserem Hotel wird durch eine aufgebrachte Menschenmenge versperrt. Polizisten in Kampfausrüstung versuchen, die Menge in Schach zu halten. Fast täglich finden diese Art von Demonstrationen statt. Unüberbrückbar ist die Kluft zwischen Arm und Reich. Auf Transparenten und lautstark über Megafone wird der Unmut der Massen kundgetan. Nach einer Stunde löst sich die Demonstration friedlich auf. Den jungen Polizisten ist Erleichterung anzusehen. Nicht immer enden die Demonstrationen friedlich: Verletzte und Tote sind leider keine Seltenheit.

Achtung: Lamas kreuzen!

Die Straße nach Potosi ist nagelneuer bester Asphalt. Auf der menschenleeren Straße sausen wir mit Tempo 120 über den Altiplano. Was mögen sich die Menschen, die in ihren Hütten neben der Straße leben, bei unserem Anblick wohl denken? Elektrizität und fließendes Wasser haben diese Bauern noch nicht. Viehzucht, in erster Linie von Lamas, ist ihre Lebensgrundlage. Und die Lamas sind auch die einzige Gefahr auf der Strecke. Die sind es nicht gewöhnt, dass eine KTM mit über 100 Sachen heransaust. Seelenruhig überqueren sie direkt vor uns die Straße.

In Potosi machen wir eine kleine Zeitreise: Der Besuch der Casa de Moneda ist faszinierend und bedrückend zugleich. Mit aller Klarheit bekommt man hier vor Augen geführt, was man ohnehin wissen sollte. Der gesamte Reichtum und damit verbundene Aufstieg von Spa-

Links: Auf allen vieren kriechen wir durch die Mine „Candelaria".

Unten: Das Geysirfeld „Sol de Mañana" liegt auf fast 5 000 Metern.

Rechte Seite: Einst stolze Dampfrösser rosten am Eisenbahnfriedhof von Uyuni vor sich hin.

Folgende Doppelseite: Arbol de Piedra, der Baum aus Stein, ist das beliebteste Fotomotiv am Altiplano (linke Seite). Die Laguna Canapa – einen schöneren Übernachtungsplatz gibt es am ganzen Altiplano nicht (rechte Seite).

nien zur Weltmacht während der Kolonialzeit war nur möglich durch die brutale Ausbeutung eines ganzen Kontinents. Millionen von Indios haben dafür in den Silberminen von Potosi ihr Leben gelassen.

Auch heute noch arbeiten Menschen unter unvorstellbaren Bedingungen in den Minen im Cerro Rico. Nur tun sie es jetzt freiwillig. Der Bauboom in China hat die Rohstoffpreise in den letzten Jahren sprunghaft ansteigen lassen. Derzeit arbeiten bis zu 15 000 Mineros unter Tage, mehr als doppelt so viele wie in den 90er-Jahren. Mit unserem Guide Daniel machen wir uns per Lkw auf den Weg zum Eingang der Mine. Auf allen vieren durch die Mine Candelaria zu kriechen, ist wahrlich kein Spaß, ermöglicht uns aber einen hautnahen Einblick in das Leben der Mineros im Cerro Rico. An der Arbeitsmethode hat sich in den letzten 100 Jahren wenig geändert: Unter unvorstellbaren Bedingungen wird das Erz abgebaut. In den Minen schuften über 15 000 Männer, deren durchschnittliche Lebenserwartung bei etwa 40 Jahren liegt. Die Aussicht auf den dreifachen Verdienst und die betäubende Wirkung der Kocablätter lassen die Männer die harten Arbeitsbedingungen leichter ertragen. Tief im Inneren des Berges besuchen wir El Tío, den Schutzpatron der Mine. Wir spenden ihm Kocablätter und einige Gläser Schnaps. Nach vier Stunden sind wir heilfroh, wieder an der frischen Luft zu sein und unseren Lebensunterhalt nicht so verdienen zu müssen.

Friedhof der Dampfeisenbahn

Der Südwesten des bolivianischen Altiplanos ist der motorradfahrerische Höhepunkt der bisherigen Reise. Eine einsame Schotterpiste führt von Potosi nach Uyuni. Vorbei an riesigen Kakteen und Herden von Lamas fahren wir durch eine nur sehr dünn besiedelte Landschaft. Kurz vor Uyuni taucht ein weißer Streifen am Horizont auf. Der Salar de Uyuni, mit 12 000 Quadratkilometern einer der größten Salzseen der Welt. Während des Salpeterkrieges war Uyuni eine wichtige Garnisonsstadt, heute scheint die Stadt aus Hotels, Restaurants und Reisebüros zu bestehen. Das angebotene Programm ist überall gleich: Jeeptouren auf den Salar und ein Ausflug in den Nationalpark Eduardo Avaroa an der Grenze zu Chile. Auch ich nutze die für Bolivien überraschend gute touristische Infrastruk-

tur und kaufe mir eine echt gute Landkarte für dieses Gebiet, denn die ansonsten gute Karte vom Reise Know-How Verlag ist hier völlig unbrauchbar.

Am Ortsrand von Uyuni liegt der Cementerio de Trenes, ein Eisenbahnfriedhof, der nicht nur für Eisenbahnfreaks sehenswert ist. Riesige Dampflokomotiven, einst der Stolz der bolivianischen Eisenbahn, rosten hier seit Jahrzehnten vor sich hin. Im Licht der untergehenden Sonne ergeben diese riesigen Stahlskelette einen skurrilen Anblick in der Weite der Hochwüste.

Zwei Japaner in der Wüste

Wir schreiben den 10. Dezember, aber die Regenzeit hat Gott sei Dank noch nicht eingesetzt. Der Salar ist völlig trocken und daher für uns ohne Probleme befahrbar. Eine gleißend weiße Fläche bis zum Horizont liegt vor uns. Die Isla Incahuasi ist unser erstes Ziel. Das GPS zeigt uns die richtige Richtung. 70 Kilometer sausen wir kerzengerade über die Salzfläche Richtung Westen. Nach weniger als einer Stunde taucht die Insel wie eine Fata Morgana am Horizont auf. Aber wir sind nicht die einzigen in der schier endlosen Weite des Salars. Einige Touristengruppen aus Uyuni mit ihren Landcruisern machen hier Mittagsrast. Nach zwei Stunden ist der Spuk vorbei, die Campingstühle und Tische werden von der Begleitmannschaft eingepackt, noch schnell ein Abschlussfoto und weiter geht die Reise über die Salzfläche: Man will ja das gesamte Gebiet in drei Tagen bereisen.

Wir haben mehr Zeit, wollen hier die Nacht verbringen und bauen unser Zelt auf, wobei es gar nicht so einfach ist, die Zeltheringe in das knochenharte Eis zu schlagen. Vorbei an Jahrhundertealten bis zu zehn Meter hohen Kakteen klettere ich zum höchsten Punkt der Insel. Der Ausblick ist wahrlich überirdisch, die Ruhe unbeschreiblich. Da durchdringt ein fernes Motorengeräusch die Stille. Winzige Punkte am Horizont nähern sich der Insel. Es sind zwei japanische Motorradfahrer, die ebenfalls hier ihr Nachtlager aufstellen wollen. Eine richtige Kommunikation ist leider nicht möglich. Ihr Wortschatz in Englisch und Spanisch beschränkt sich auf ein absolutes Minimum, aber der atemberaubende Sonnenuntergang entzieht sich sowieso der Beschreibung mit Worten.

Es ist eisig kalt am nächsten Morgen, weit unter den Gefrierpunk ist die Temperatur gefallen. Erst eine Tasse heißen Tees und die wärmenden Strahlen der aufgehenden Sonne wecken unsere Lebensgeister. Noch schnell ein Erinnerungsfoto von den beiden Japanern schießen – wer weiß, ob wir die noch einmal treffen? Eingetrocknete tiefe Spuren zeigen uns, dass es nicht immer so einfach ist, den Salar zu überqueren. Besonders am Rande des Salars gibt es immer wieder schlammige Stellen, wo sich bereits so manches Drama abgespielt hat. Ich möchte hier nicht stecken bleiben!

Die kleine Ortschaft San Juan scheint auf den ersten Blick ziemlich verlassen. In der Mittagshitze ist kein Mensch auf den staubigen Straßen unterwegs. Aber wir brauchen unbedingt Benzin, bis zur Laguna Colorada wird es keines mehr geben.

Ein neuer Höhenrekord

In einer Seitengasse finden wir schließlich die Almacen Amiga. Estanislada, die Besitzerin der kleinen Gemischtwarenhandlung, hat die KTM schon von Weitem gehört und trotz Siesta ihr Geschäft geöffnet. Die Auswahl in dem winzigen Laden ist überraschend groß. Mit Grundnahrungsmitteln, einer Auswahl an trockenen Keksen und Thunfisch aus der Dose habe ich gerechnet. Aber mit einem Angebot von Axe-Deosprays, nagelneuen Duracell-Batterien, Kenda-Motorradschläuchen und vier Sorten Rotwein hat mich Estanislada sehr überrascht. Wobei ich weder Deospray noch Batterien benötige und die Schläuche nicht für meine KTM passen würden, aber eine Flasche Wein zum Abendessen klingt schon sehr verlockend. Neben ein paar Flaschen Mineralwasser wechselt eine Flasche Campos de Solana den Besitzer und wird sorgsam im Gepäck verstaut. Jetzt fehlt nur noch das Benzin, aber auch hier kann mir die geschäftstüchtige Dame weiterhelfen. In einem Nebenhaus stehen ihre Benzinfässer: Der Weiterfahrt Richtung Süden steht nichts mehr im Weg. Die Piste wird nun immer schlechter, tiefe Sandpassagen wechseln mit steinigen Abschnitten. Die Laguna Colorada werden wir heute nicht mehr erreichen, da müssen wir uns vorher einen Übernachtungsplatz suchen.

Laguna Canapa steht auf der Hinweistafel. Eine kleine Lagune mit unzähligen Flamingos liegt vor uns. Vulkane spiegeln sich im klaren Wasser, eine Herde Vicuñas flieht in sichere Entfernung. Einen stimmungsvolleren Zeltplatz werden wir heute sicher nicht mehr finden. In Windeseile wird das Lager aufgebaut und es dauert nicht lange, bis der Benzinkocher das Wasser im kleinen Blechtopf zum Kochen bringt.

Kartoffel-Lauch- oder Tomatencremesuppe? Welches, durch die lange Reise bereits völlig zerknautschte Suppenpäckchen sollen wir heute aufreißen? Tomaten passen nicht so richtig zu den schneebedeckten Berggipfeln rund um uns und wir löffeln hungrig die nicht wirklich heiße Kartoffelsuppe aus unseren Plastiktellern. Aber heute gibt es noch etwas Besonderes. Gespannt öffne ich die Flasche Rotwein. Wie wird er schmecken? Ausgezeichnet, mit dem hätte ich nicht gerechnet. Mit Genuss leeren wir die ganze Flasche. In der Höhe von über 4 000 Metern zeigt der Alkohol jedoch schnell seine Wirkung und leicht angeheitert kriechen wir in unsere Schlafsäcke.

Es führt keine befestigte Piste durch die Pampa Sololi nahe der chilenischen Grenze. Wir orientieren uns anhand unserer GPS-Punkte. Den Arbol de Piedra, den Baum aus Stein, das Fotomotiv am Altiplano, dürfen wir auf keinen Fall verfehlen. Alle Spuren im tiefen Schotter bündeln sich und führen gezielt zu einem Punkt hin. Einem Kunstwerk gleich taucht der stark erodierte Felsen in der surrealen Landschaft auf.

Im Camp an der Laguna Colorada übernachten wir zur Abwechslung wieder einmal in einem Bett. Der Chef verkauft uns Benzin zu völlig überhöhten Preisen, aber es ist für uns die einzige Möglichkeit, Treibstoff zu bekommen. Die Laguna Colorada liegt bereits auf 4 400 Metern, aber es geht noch höher. Eine selten befahrene Piste führt nach Quetena Chico und von dort weiter zum Uturunku. Schon von Weitem sind die markanten Doppelgipfel des erloschenen Vulkanes sichtbar. In engen Serpentinen fahren wir an seiner Flanke immer höher. Renate muss auf 5 650 Metern absteigen. Im tiefen Schotter hat das Bike nicht mehr genug Leistung für zwei Personen samt Gepäck. Auf 5 777 Metern ist die Passhöhe erreicht. Bei meinem Versuch, über eine Schotterhalde noch höher zu fahren, bleibe ich auf 5.796 Metern endgültig stecken, womit ich einen persönlichen

Höhenrekord aufgestellt habe. Das Wenden der schwer bepackten Adventure in dieser Höhe ist dann reinste Schwerarbeit. Geschafft, aber stolz auf meine Leistung fahre ich zurück zu Renate, die sich schon große Sorgen gemacht hat. Gemeinsam fahren wir zurück zu unserem Camp an der Laguna Colorada.

Da springt kein Funke über

Bereits vor Sonnenaufgang stehen wir auf und packen. Es ist noch eisig kalt und die tief stehende Sonne blendet. Das Fahren auf der tiefen Wellblechpiste wird damit noch gefährlicher. Aber in den frühen Morgenstunden ist Sol de Mañana, das höchstgelegene Geysirfeld der Welt, am aktivsten. 20 bis 30 Meter hoch schießen die Dampffontänen in den glasklaren Morgenhimmel. Dichte Dampfwolken liegen über kochenden Wassertümpeln, Schlammlöcher zischen und blubbern vor sich hin. Es ist nicht zu übersehen, dass die Anden ein noch sehr junges Gebirge sind: Die Dampfschwaden stinken nicht nur bestialisch, sie sind auch giftig, sodass wir nach einer halben Stunde den faszinierenden Platz wieder verlassen. Eigentlich wollten wir nun auf schnellstem Weg zur Laguna Verde fahren, um auch dort noch gutes Fotolicht vorzufinden. Aber an der Laguna Salada treffen wir unsere beiden Japaner vom Salar wieder. Sie sind völlig am Boden zerstört. Die BMW 650 springt nicht mehr an. Die beiden können nicht nur keine Fremdsprachen, sondern haben auch keine Ahnung von Motorrädern und wissen nicht, was sie machen sollen. Ich überprüfe die Kraftstoffversorgung, sie funktioniert. Wir zerlegen das halbe Motorrad, um zur Zündkerze zu kommen, kein Zündfunke. Das Zündkabel ist geflickt und völlig hinüber. Wir haben den Defekt gefunden, aber was nun? Mit einem breiten Grinsen zieht einer der Jungs ein Ersatzkabel aus dem Gepäck. Die BMW wird wieder zusammengebaut. Fast zwei Stunden hat die Reparatur gedauert und an der Laguna Verde gibt es natürlich kein gutes Fotolicht mehr. Aber es war selbstverständlich wichtiger, einem Motorradfahrer in Not zu helfen, als ein tolles Bild einer Lagune zu schießen!

Der Grenzposten südlich der Laguna Verde ist einer der einsamsten in Südamerika. Der Posten überprüft nur unsere Pässe, den Ausreisestempel haben wir uns schon in Uyuni besorgt.

Der Bettler auf dem goldenen Thron

Bolivien, das ärmste Land Südamerikas, war und ist reich an Bodenschätzen. Potosi wurde im 16. Jahrhundert durch die Silbergewinnung zur reichsten Stadt Amerikas. Sumaj Orcko, heiliger Berg, hieß das Wahrzeichen der Stadt auf Quechua. Die Spanier nannten ihn Cerro Rico, reicher Berg. Tonnenweise wurde Silber aus Potosi nach Spanien transportiert, um die leere Staatskasse zu füllen. Ganze Dorfgemeinschaften von Hochlandbewohnern wurden zur Zwangsarbeit in den Minen gezwungen. Die wenigsten überlebten die unmenschliche Arbeit in den Stollen. Schätzungen gehen von acht Millionen Toten in 200 Jahren Bergbau aus. Sieben von zehn Arbeitern starben an Silikose, einer tödlichen Lungenkrankheit. 15 000 Mineros schuften heute noch in dem völlig durchlöcherten Berg. Der Stolleneingang wird Tor zur Hölle genannt. Im 20. Jahrhundert war Bolivien der wichtigste Lieferant von Zinn am internationalen Markt. Reichtum haben die Bodenschätze aber nur einer kleinen Oberschicht gebracht. Das sieht man an den luxuriösen Villen, hypermodernen Supermärkten, Nobelboutiquen und tollen Geländewagen im Süden von La Paz. Im Tiefland wurden nun die zweitgrößten Erdgasvorkommen Südamerikas entdeckt. Die armen Indios im Andenhochland wollen dieses Mal am Reichtum teilhaben. Präsident Morales hat bereits per Dekret die Verstaatlichung der Gasindustrie verfügt. Die Zukunft wird zeigen, ob Bolivien sein Image als Bettler auf dem goldenen Thron ablegt.

CHILE – DER NORDEN

Von Nord nach Süd erstreckt sich Chile 4 300 Kilometer entlang des Pazifiks – bei einer durchschnittlichen Breite von nur 180 Kilometern. Aufgrund dieser Ausdehnung über 39 Breitengrade und seiner Höhenunterschiede von den Gipfeln der Anden – der Ojos del Salado ist mit immerhin 6 880 Metern der höchste Berg Chiles – bis hinab auf Meereshöhe ist Chile durch eine vielfältige Vegetation und extrem unterschiedliches Klima geprägt. Im Norden liegt die extrem trockene Atacamawüste, Mittelchile hält

dem Mittelmeer vergleichbare Temperaturen bereit und der regenreiche und menschenleere Süden führt schließlich zur eisigen Insel Feuerland, das sich Chile mit seinem Nachbarn Argentinien teilt.

Es weihnachtet sehr …

Ein Stoppschild ist das erste Verkehrszeichen seit Hunderten von Kilometern. Die Hinweistafel an der Kreuzung mit der asphaltierten Straße ist deutlich lesbar. Links geht es zum Paso Jama und rechts nach San Pedro de Atacama. Wir haben genug von der eisigen Kälte und dünnen Luft in den Anden und sehnen uns nach Wärme. Mit jedem Kilometer, den wir talwärts fahren, steigt die Temperatur, warme, trockene Luft steigt uns aus der Atacamawüste entgegen. Eine halbe Stunde später sind wir 2 000 Meter tiefer in der kleinen Oase San Pedro de Atacama angekommen. An der einzigen Tankstelle im Ort gibt es Benzin mit 93, 95 und 97 Oktan zur Auswahl. Wir sind in Chile angekommen, ein ganz anderes Südamerika!

San Pedro hat sein Erscheinungsbild in den letzten Jahren gewaltig verändert. Die Hauptstraße durch den Ort ist zwar immer noch nicht asphaltiert, aber jedes zweite der einstöckigen Lehmziegelhäuser ist heute ein Restaurant oder eine Reiseagentur. Touristen aus aller Welt nutzen die gute Infrastruktur zu Ausflügen in die Atacamawüste. Wir mieten uns einen Bungalow in einem der vielen Hostals und zum ersten Mal seit Uyuni genieße ich wieder eine warme Dusche. Frisch gewaschen schlendern wir durch den Ort. Aus der geöffneten Tür eines Restaurants dringen die Klänge von Livemusik: Die Gruppe Cuarto de Luna unterhält jeden Abend die Gäste mit ihrer stimmungsvollen Musik. Wir genießen bei gutem Essen und einer Flasche traumhaften chilenischen Rotweins die Pause vom großen Abenteuer.

Bizarre Landschaften aus Salz

Anderntags ist Sightseeing angesagt. Die kleine Kirche wurde im 17. Jahrhundert aus Adobeziegeln erbaut und ist das Wahrzeichen des Ortes. Ihre weißen Wände mit dem tiefblauen Himmel im Hintergrund sind ein beliebtes Fotomotiv.

Ein Ausflug ins Valle de la Luna, das Tal des Mondes, steht dann am späten Nachmittag auf dem Programm. Wind und Wetter haben im Lauf von Millionen Jahren eine bizarre Landschaft geschaffen. Figuren aus Salz, Sand und Lehm regen die Fantasie an. Gemeinsam mit unzähligen Besuchern steigen wir auf eine riesige Sanddüne und erleben den beeindruckenden Sonnenuntergang, der die Landschaft in ständig wechselnde Farben taucht.

Es sind nur drei Stunden Fahrt auf einer eintönigen Asphaltstraße und wir sehen wieder den Pazifik. Die wichtige Hafenstadt Antofagasta ist unser heutiges Etappenziel. Schon von Weitem ist der hell leuchtende Felsbogen im Meer sichtbar. La Portada, das Wahrzeichen der Stadt, besteht aus Vulkangestein und versteinerten Muscheln und steht einer Brücke gleich in der Brandung.

Der Panamericana kann ich eigentlich nichts abgewinnen. Für mich ist sie nur eine langweilige Hauptverkehrsverbindung. Ich würde ja viel lieber die kleinen Nebenstraßen fahren, aber wir haben leider nicht endlos Zeit und werden die Strecke bis nach Santiago auf der Ruta 5 zurücklegen. Bis zum Horizont erstreckt sich das schier endlose Asphaltband. Der auf der Karte eingezeichnete Ort ist nicht viel mehr als eine Ansammlung windschiefer Bretterbuden. Aber es gibt Benzin und eine Tasse heißen Kaffee in der Posada mit dem klingenden Namen Flor del Desierto – Blume der Wüste.

Im kleinen Hafen Caldera schaukeln die bunten Fischerbote im Hafen, ein willkommener Kontrast zur kargen Wüstenlandschaft. Die Hafenkneipe sieht von außen nicht sehr einladend aus, die Sopa de Marisco schmeckt aber ausgezeichnet. Wir bestellen uns noch eine Flasche Weißwein und beschließen, erst morgen weiterzufahren.

Das Christkind kommt bald

Schon von Weitem ist der riesige Leuchtturm, das Wahrzeichen des mondänen Badeortes La Serena, sichtbar. Überragt nur von den Hotelburgen und Apartmenthäusern direkt an der Strandpromenade. Wasserretter sitzen auf ihren hohen Stühlen und überwachen das rege Treiben am Strand. Auch wenn das Meer noch so einladend aussieht, das Wasser ist eisig kalt. Kein Wunder, dass sich alle Surfer mit dicken Neoprenanzügen in die Brandung stürzen.

Ein Blick auf den Kalender offenbart den nahenden Heiligen Abend, nur Weihnachtsstimmung kommt trotz des kitschigen Plastikchristbaums im Hotel und der fünf Mädels mit ihren roten Mützen, die stimmungsvoll Weihnachtslieder intonieren, nicht auf. Dazu fehlt mir doch einiges: die wunderbaren Maroni vom Gottfried am Christkindlmarkt in Salzburg, der Geruch von Punsch und das Geräusch von knirschendem Schnee im eiskalten Lungau.

Coquimbo, die Nachbarstadt von La Serena, ist ein wichtiger Fischereihafen. Am Vormittag kehren die Fischer von ihren nächtlichen Fangfahrten zurück. Die Beute der letzten Nacht wird an Land gebracht, Schwertfische werden ausgeladen und ein riesiger Tintenfisch ist ins Netz gegangen. Pelikane, Möwen und Seelöwen streiten sich um die Fischabfälle. Ich könnte das bunte Treiben stundenlang beobachten.

Und wenn sich die jungen Damen noch so bemühen, Weihnachtsstimmung kommt nicht auf. Linke Seite: Die Kathedrale von San Pedro de Atacama wurde aus Adobe (luftgetrockneten Lehmziegeln) erbaut.

Vorangehende Doppelseite: Bunte Fischerboote schaukeln im Hafen Caldera (großes Bild). La Portada in Antofagasta steht einer Brücke gleich in der Brandung (kleines Bild).

LLANO DE LA PACIENCIA

Der große Kaufrausch

Die Landschaft wird immer grüner, die Anden kommen in Sichtweite und am späten Nachmittag erreichen wir Santiago, die Hauptstadt des Landes. 40 Prozent aller Chilenen leben hier. In den modernen Einkaufszentren ist wie überall auf der Welt um diese Zeit der große Kaufrausch ausgebrochen. Für uns gibt es zwar keine Geschenke, aber unsere treue Adventure erhält nach 16000 Kilometern einen wohlverdienten Service-Check-up.

Roland Spaarwater, der KTM-Importeur für Chile, betreibt in Santiago eine bestens ausgestattete Werkstatt. Mit ruhigem Gewissen kann ich seinen Mechanikern mein Motorrad überlassen. Wir schlendern in der Zwischenzeit durch die Straßen des Zentrums und fühlen uns wie in Europa. Das Orchester an der Plaza de Armas spielt Walzermelodien, Schachspieler sitzen an kleinen Tischen im Schatten der Bäume und grübeln über den nächsten Zug. An das Südamerika, das wir bisher gesehen haben, erinnert hier sehr wenig.

Zwei Tage später übernehmen wir wieder unsere frisch gewartete 990er-Adventure. Nunmehr steht unserer Weiterfahrt nach Feuerland nichts mehr im Weg, denn Mensch und Maschine sind tatendurstig und alle Kraftreserven wurden aufgefüllt!

Wind und Wetter haben im Valle de la Luna eine bizarre Landschaft geschaffen (oben). In der Werkstatt von Roland Spaarwater erhält die Adventure einen Service (unten). Meeresgetier wird direkt am Fischmarkt von Coquimbo zerlegt (rechts). Fischer ist in Chile ein rauer Job (rechts unten), Schachspielen dagegen ein Freizeitvergnügen in Santiago (rechts außen).

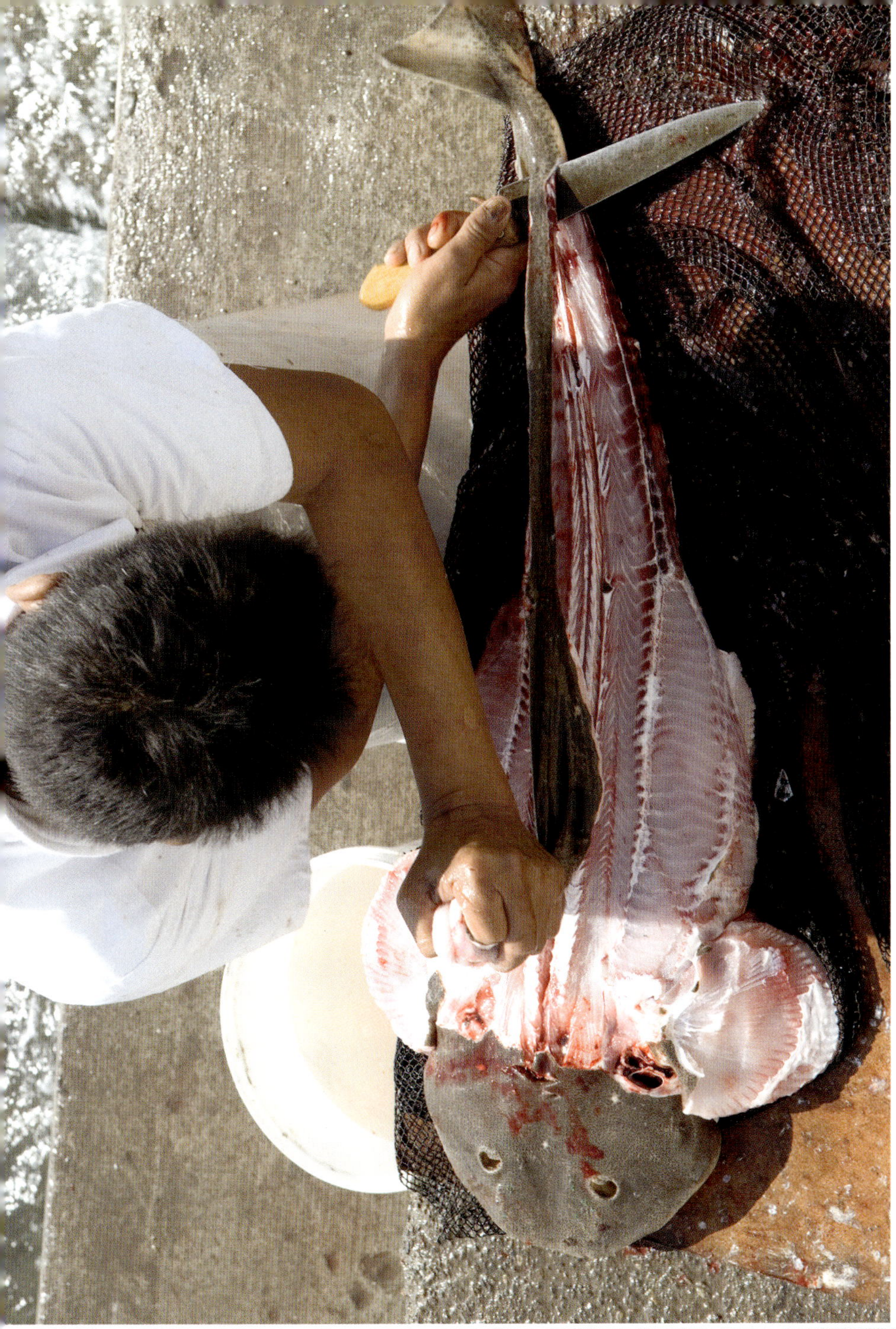

Vorangehende Doppelseite: La Portada besteht aus Vulkangestein und versteinerten Muscheln (oben links). Eine kerzengerade Asphaltstraße durchschneidet die Atacamawüste (links unten). Die elf Meter hohe Skulptur Mano del Desierto südlich von Antofagasta (oben rechts). Werke bekannter chilenischer Bildhauer im Zentrum von Santiago (rechts unten).

Chiles Küste

Chile mit seiner Nord-Süd-Ausdehnung von 4300 Kilometern ist eingezwängt zwischen den Anden im Osten und dem Pazifik im Westen und im Schnitt nur ca. 180 Kilometer breit. Die zerklüftete Küstenlinie hat eine Gesamtlänge von 6400 Kilometern. Der Humboldt-Strom macht die Küste zu einem der fischreichsten Gebiete der Welt. Chile gehört zu den fünf größten Fischfangnationen der Welt. Durch die Überfischung schwinden aber bereits die Bestände. Die große Hoffnung der Fischindustrie ist nun die kontrollierte Aufzucht von Speisefischen. Laut den Experten von Greenpeace haben diese sogenannten Aquakulturen jedoch verheerende ökologische Folgen und tragen zur weiteren Überfischung der Meere bei. Denn in Aquakulturen werden für ein Kilo Zuchtlachs beispielsweise bis zu fünf Kilo Industriefisch wie Sandaal, Hering und Anchovis verfüttert. Zudem würden der Pazifische Ozean und seine Buchten mit Antibiotika, Hormonen, Fäkalien und Futterresten stark verschmutzt.

ARGENTI
DER NOR

NIEN–
DEN

Von Chile kommend geht es durch die Anden nach Argentinien auf herrlichen Passstraßen. Feinstes Ripio – wie die Südamerikaner diese Schotterpisten nennen – verleitet regelrecht zum Gasgeben. Die Reise führt anschließend auf der Ruta 40, der wohl einsamsten Straße

Südamerikas, durch den nördlichen Teil Argentiniens bis zum Naturparadies „Parque Nacional Lanín", in dem wir, nach einem Ausflug, an einem kristallklaren Bergsee die Zelte aufschlagen. Der schneebedeckte Gipfel des Bergs Lanín, einer der zahlreichen Vulkane der Anden, türmt sich über dem Nationalpark auf. Hier im Land des Tangos lässt es sich leben und genießen – und zwar nicht nur gut zubereitete Rindersteaks …

Einsame Straßen und heftiger Wind

Die Westauffahrt zum Paso Bermejo ist eine Passstraße, die den Vergleich mit dem berühmten Stilfser Joch in den Alpen auf keinen Fall scheuen muss. Schwungvoll fahren wir die engen Serpentinen nach oben, überholen einige schwer beladene Sattelschlepper, die sich im Schritttempo auf die Passhöhe kämpfen. Die anfangs üppige Vegetation wird immer karger und auf 2900 Metern erreichen wir Portillo, Chiles bekanntestes Skizentrum. Das alte Sporthotel wurde bereits 1946 erbaut und vermittelt das exklusive Flair einer vergangenen Zeit. Wenige Kilometer weiter ist bereits das Portal des Tunnels Christo Retendor sichtbar. Ich bin gespannt, ob wir auch durch den Tunnel müssen oder die jahrelang nicht benutzbare Piste über den Paso de la Cumbre befahren können.

Direkt vor dem Portal weist ein Schild zur alten Passstraße. Die Schotterpiste wird gerade völlig neu gemacht. Die nun folgende acht Kilometer lange Schotterpiste lässt das Herz eines jeden Endurofahrers höher schlagen. Feinstes Ripio, wie die Südamerikaner die Schotterpisten nennen, verleitet regelrecht zum Gasgeben. Völlig außer Atem von der Bolzerei parke ich vor der Statue des Erlösers auf 3800 Metern Höhe. Eine aufgepackte Adventure ist halt doch keine Hardenduro. Die mächtige Statue erinnert an das friedliche Ende eines Grenzstreits 1902. Der Ausblick auf die umliegenden schneebedeckten Andengipfel ist atemberaubend, aber der eisige Wind treibt uns zur Weiterfahrt. Die Schneewechte neben mir ist sechs Meter hoch, die Piste zum Teil noch völlig vereist. Lange dürfte diese Strecke noch nicht geöffnet sein. Vorsichtig fahren wir talwärts. Kurz bevor wir die Hauptstraße erreichen, ist die Piste von einem Erdwall versperrt. Der Paso de la Cumbre war eigentlich noch gar nicht geöffnet. Jetzt wird mir klar, warum uns seit einer Stunde kein einziges Fahrzeug begegnet ist.

Vorangehende Doppelseite: Vorbei an mächtigen Schneewänden geht es über den Paso de la Cumbre (großes Bild). Araukarien prägen das Landschaftsbild im argentinischen Seengebiet (kleines Bild).

Linke Seite: Christo Retendor, die Statue des Erlösers, wurde 1904 auf 3848 Metern Höhe aufgestellt.

Ein argentinisches Steak wie aus dem Bilderbuch

Ein letzter Blick auf die eisige Südflanke des Aconcaguas, dann fahren wir gemütlich auf der Hauptstraße weiter nach Mendoza. Rinder weiden auf saftig grünen Wiesen, die ersten Weingärten tauchen auf. Wenn ich an das heutige Abendessen denke, rinnt mir bereits das Wasser im Mund zusammen.

Das „La Barra“ ist ein Geheimtipp unter den vielen Parrillas an der Sarmiento in Mendoza. Hier steht der Chef selbst am Grill. Es wird kei-

ne ordinäre Grillkohle verwendet. Speziell ausgesuchtes Holz wird niedergebrannt und die glühende Kohle unter den Rost geschoben. Man hat es nicht eilig im „La Barra", es dauert schon einige Zeit, bis die riesigen Steaks serviert werden. Das Messer gleitet durch das dicke Filetstück wie durch Butter, das Fleisch zergeht auf der Zunge. Das Warten hat sich wahrlich gelohnt. Dazu eine ausgezeichnete Flasche Rotwein, ein Malbec aus der Region Mendoza, hat uns der Chef selbst empfohlen. Und er hat nicht zu viel versprochen. Der Rotwein mundet ausgezeichnet, da werden wir morgen einen Ruhetag einlegen und uns noch eine Flasche bestellen müssen.

Ausgeruht und gestärkt geht es auf der berüchtigten Ruta 40 Richtung Süden. Eine der einsamsten Straßen Südamerikas liegt vor uns. Hunderte Kilometer liegen zwischen den einzelnen, zum Teil winzigen Ortschaften ohne jede Infrastruktur. Nur Teilabschnitte sind asphaltiert, der Großteil ist eine Schotterpiste. Südlich von Pareditas steht ein Pick-up am Straßenrand. Der linke Hinterreifen ist aufgerissen und beim Reifenwechseln haben sie auch noch die Felge zerstört. Die vier Leute warten nun schon den ganzen Tag auf Hilfe und sind trotzdem gut aufgelegt. Man hat ja noch genügend Flaschen Quilmes, das bekannteste argentinischen Bier, im Gepäck und morgen kommt ohnehin die benötigte Ersatzfelge.

Tag der Pannen und des heftigen Gegenwinds

Heute dürfte der Tag der Pannen sein. Eine Stunde später stehen zwei Israelis mit ihren uralten Hondas am Straßenrand. Die beiden haben die Motorräder vor 14 Tagen gebraucht in Mendoza gekauft, nach 250 Kilometer in San Rafael die erste gröbere Reparatur erledigt und nun kündigt sich bei der XR 650 ein Motorschaden an. Sie werden wohl wieder nach San Rafael in die Werkstätte zurückkehren müssen. Ich kann mir beim besten Willen nicht vorstellen, dass die beiden mit diesen Schrottkarren ihr Ziel Feuerland je erreichen werden.

Der ständige Wind macht das Fahren auf der Ruta 40 zu keinem Vergnügen. Böen mit bis zu 120 km/h reißen uns fast vom Motorrad. Bei

Gegenwind fahren wir 60 und haben das Gefühl, mit 200 unterwegs zu sein. Jedes Mal wenn uns ein Lkw entgegenkommt oder wir einen überholen, versetzt es uns um einen Meter. Nur mit höchster Konzentration kann ich die KTM auf der Straße halten. Ziemlich geschafft erreichen wir dann Barrancas, wo es zwar keine Tankstelle gibt, aber ein frisches Bett in einer kleinen Pension. Wir könnten auch unser Zelt im Garten aufstellen, was nur die Hälfte kostet, aber bei dem Wind kann ich gerne darauf verzichten. Unser Wunsch auf weniger Wind am nächsten Tag wird nicht erfüllt. Bereits morgens biegen sich die Bäume und am Nachmittag soll der Sturm noch stärker werden. Nach 350 anstrengenden Kilometern gönnen wir uns in Zapala eine kurze Mittagsrast. Danach gibt es schlechte Nachrichten, die einzige Tankstelle im Ort hat keinen Benzin. Niemand kann genau sagen, wann der ersehnte Tankwagen auftaucht. Ich habe nicht vor, in dem windigen Kaff auf einen Tanklaster zu warten. Bis nach Junín de los Andes sind es noch gute 200 Kilometer, das müsste noch klappen. Aber nach wenigen Kilometern dreht der Wind und bläst uns mit 100 km/h entgegen. Benzinsparendes Fahren ist da definitiv unmöglich. Bei einer einsamen Hazienda finden wir einen windgeschützten Platz, um zu rasten. Renate hat die Idee: Wir könnten die Arbeiter doch fragen, ob sie uns Benzin verkaufen. Ich kann mir nicht vorstellen, dass die Benzin haben, deren Traktoren fahren ja mit Diesel. Aber wir haben Glück, der Padrone hat ein altes Auto in der Garage und zapft für uns drei Liter Benzin aus dem Tank. Jetzt müssten wir ohne Probleme unser Tagesziel erreichen. Auf den letzten 100 Kilometern setzt zusätzlich zum Wind auch noch starker Regen ein. Wir erleben Patagonien von seiner unangenehmen Seite und sind froh, als die ersten Häuser von Junín de los Andes auftauchen.

Oben: Die acht Kilometer lange Schotterpiste auf den Paso de la Cumbre lässt das Herz des Endurofahrers höher schlagen.

Linke Seite: Das alte Sporthotel Portillo wurde bereits 1946 erbaut und hat schon bessere Zeiten erlebt (oben).
Im Restaurant „La Barra" steht der Chef noch selbst am Grill (Mitte).
Die Puente del Inca wurde nicht von den Inkas erbaut, sondern ist eine durch Erosion natürlich gebildete Brücke (unten).

Flucht vor der hektischen Weihnachtszeit nach Chile

Der Morgenhimmel ist dann strahlend blau. Wir nutzen das überraschend gute Wetter zu einem Ausflug in den Parque Nacional Lanín. Die gute Piste führt durch dichte Araukarienwälder am Ufer eines glitzernden Bergsees entlang. Der von Schnee bedeckte Gipfel des Vulkans Lanín scheint zum Greifen nahe. Der Lago Huechulafquen ist ein echtes Naturparadies. Am Ufer des Sees schlagen wir unser Zelt auf und genießen die Einsamkeit.

Entlang der Ruta de los Siete Lagos ist es dann aber vorbei mit der Einsamkeit. Weihnachtszeit ist auch in Argentinien Urlaubszeit, und das Seengebiet ist ein beliebtes Ferienziel. Als wir im kleinen Ortszentrum von Villa la Angostura nicht einmal mit unserem Motorrad mehr einen Parkplatz bekommen, flüchten wir vor dem Trubel über den Paso Cardenal Samoré nach Chile.

Linke Seite: Der Vulkan Lanin liegt im Norden des gleichnamigen Nationalparks (oben). In Teilbereichen ist die Ruta 40 zur Asphaltstraße ausgebaut (unten).

Diese Seite: Der Lago Huechulafquen ist ein Naturparadies wie aus dem Bilderbuch (oben). Da es keine Tankstelle gibt, wird das notwendige Benzin notfalls auch aus dem Tank eines Autos abgelassen (unten).

Folgende Doppelseite: Pferdeherden sind in der Weite Patagoniens keine Seltenheit (links oben).
Eine Flasche Rotwein darf zum Abendessen nicht fehlen (links unten).
Gauchos treiben Rinderherden auf die Weiden der riesigen Haziendas (rechts oben).
Die Weingüter rund um Mendoza gehören zu den besten des Landes (rechts unten).

Argentiniens Weinbau hat eine lange Tradition

Argentinien ist das größte Wein produzierende Land Amerikas und der fünftgrößte Weinproduzent der Welt. Der erste argentinische Wein war ein Messwein. Mit den Konquistadoren kam im 16. Jahrhundert der spanische Jesuitenpater Juan Cedrón nach Südamerika und kelterte den ersten Wein. Im Lauf des 19. Jahrhunderts erreichte das Land eine große Einwanderungswelle aus Spanien und Italien. Die Immigranten brachten die Rebsorten aus ihrer Heimat mit und fanden an der Ostseite der Anden sehr gute Bodenqualität und ein perfektes Klima vor. Wein gehört heute zu Argentiniens Grundnahrungsmitteln. Es gibt kaum ein Mahl, zu dem kein Glas Vino tinto gereicht wird. Mehrheitlich wird der kräftige Rotwein bevorzugt, 70 Prozent der Anbaufläche sind Rotweintrauben. Mein Favorit ist der Malbec, ein tiefdunkler aromatischer Wein mit üppigem Beerenduft aus der Region Mendoza. Eine Flasche Malbec Roble von der Bodega Trapiche und dazu ein saftiges Steak sind die beste Belohnung für einen langen staubigen Motorradtag. Die Abwertung des argentinischen Peso im Jahr 2002 macht heute Weintrinken in Argentinien zu einem ausgesprochen günstigen Vergnügen.

CHILE – DER

SÜDEN

Auf der Panamericana geht die Reise weiter in den rauen, regenreichen und spärlich besiedelten Süden Chiles. Entlang der zerklüfteten Küste, der zahlreiche Inseln vorgelagert sind, reisen wir bis Quellón, ein kleines verträumtes Fischerdorf mit farbig bemalten Holzhäusern: Hier endet die Panamericana, eine Straße, die, mit wenigen Lücken, 25000 Kilometer reicht – von Alaska bis nach Feuerland. Hier, im rauen Süden Chiles, ist die Infrastruktur schlecht ausgebaut. Man findet nur wenige asphaltierte Straßen, oft nur Erdstraßen. Zudem sind viele Wege durch Fjorde getrennt, die wegen des Klimas nur an drei Monaten des Jahres per Fähre überquert werden können.

Vom friedlichen Pazifik zum wilden Rodeo-Fest

Es ist Mitte Januar und mich plagt der Heuschnupfen! Die vielen Gräser, die hier im Süden von Chile blühen, müssen die gleichen sein wie jene, auf die ich auch in Salzburg allergisch bin. Die Landschaft am Lago Llanquihue ist fast wie am Wolfgangsee im Salzkammergut und auch das Wetter hat eine gewisse Ähnlichkeit mit dem weltberühmten Salzburger „Schnürlregen". Den Vulkan Osorno, für manche der schönste Berg Chiles, können wir nur auf einem Poster in der Eingangshalle vom Hotel Haase in Puerto Octay bewundern. Tief hängende Regenwolken versperren die Sicht.

Die Übernachtung im Hotel gleicht einer kleine Zeitreise: Fredi Haase, ein deutscher Dampfschiffkapitän, hat 1906 das Hotel eröffnet und in den letzten 100 Jahren hat sich kaum etwas verändert, sogar die Elektroinstallation ist antiquarisch. Bei einem Pisco Sour an der gemütlichen Hotelbar erzählt uns der Wirt von seinen ehrgeizigen Plänen, das betagte Hotel wieder in Schuss zu bringen, es aber dabei so ursprünglich wie möglich zu belassen.

Unmengen an Meeresfrüchten

Wer – wie die meisten Reisenden – über die Panamericana in die 160000-Einwohner-Stadt kommt, sieht zunächst eigentlich nur graue Häuserblocks. Bei Regen – und in Puerto Montt regnet es gern und ausgiebig – bleibt der Eindruck grau und trist. Diese nicht gerade aufheiternden Zeilen sind zu unserem heutigen Tagesziel in unserem Reiseführer zu lesen.

Und Puerto Montt will seinem Ruf gerecht werden und empfängt auch uns mit dem scheinbar so typischen Regenwetter. Im Hostal Suizo ist noch ein Zimmer frei und nach einer heißen Dusche kehren die Lebensgeister zurück, die sich sofort mit einem kräftigen Hungergefühl melden. Die Vermieterin schickt uns in die Markthalle von Angelmó. In der überdachten Halle sitzen die Besucher zur Mittagszeit dicht gedrängt auf wackeligen Bierbänken und vertilgen Unmengen an Meeresfrüchten. Wir müssen unbedingt das Curanto probieren, meint die rundliche Dame neben uns und beißt herzhaft in ein gebratenes Hühnchen. Auch mir sind die riesigen Kessel vor jedem Marktstand schon aufgefallen. Curanto ist das Nationalgericht in Südchile. Eine dicke Suppe mit Mies- und Jakobsmuscheln, Hendlhaxen, geräuchertem Schweinefleisch, Rinderfilet, Kartoffel, Bohnen, Fisch, groben Würsten und dazu noch Meeresgetier, das ich noch nie in meinem Leben gesehen habe. Das Ganze wird zwei Stunden gekocht und ergibt ein entsprechend deftiges Essen. Genau das Richtige für Seeleute die nach Stunden am eisigen Pazifik in den Heimathafen zurückkehren, oder für einen hungrigen Motorradfahrer auf der Durchreise.

Beim örtlichen KTM-Händler wird später eine neue Garnitur an Reifen aufgezogen, denn es liegen noch immer 2500 Kilometer bis nach Feuerland vor uns!

Im Büro der Naviera Austral gibt es dann schlechte Nachrichten: Unser Plan, am 31.12. weiterzufahren und Silvester bereits auf der Carretera Austral zu verbringen, ist leider nicht durchführbar. Die Fähre von Hornopirén nach Caleta Gonzalo fährt erst ab dem zweiten Januar und ist darüber hinaus für die ersten beiden Tage bereits völlig ausgebucht. Die Aussicht, weitere vier Tage in Puerto Montt zu verbringen, ist nicht sehr erbauend. Aber die Dame von der Reederei hat eine Idee. Am dritten Januar gibt es noch freie Plätze auf der Fähre von Quellón auf der Insel Chiloé nach Chaitén. 58.600 Pesos kostet das Ticket für zwei Personen und die KTM. Wir sollen uns aber schnell entscheiden, bevor auch dieses Boot noch voll ist. Ohne lange zu überlegen, kaufen wir die Tickets und machen uns auf dem Weg nach Chiloé, der nach Feuerland zweitgrößten Insel Südamerikas.

Raus aus den Regenklamotten – rein in die Regenklamotten

Angeblich regnet es auf Chiloé 13 Monate pro Jahr, Regen, Wolken und Sonnenschein wechseln im Stundentakt. Immer wieder das gleiche Spiel: Es wird wärmer, wir ziehen die Regenklamotten aus, fahren zwei Kilometer und sind mitten in einem Hagelschauer. Hauptattraktion der Insel sind die 150 aus Holz erbauten Kirchen. 16 von ihnen wurden von der UNESCO zum Weltkulturerbe ernannt. Am beeindruckendsten ist die Kathedrale von Castro. Der italienische Architekt hat das Gebäude Anfang des 20. Jahrhunderts aus Beton geplant. Holz war auf Chiloé aber sehr viel reichlicher vorhanden und viel billiger. Der fertige Holzbau wurde außen mit dünnem Blech verkleidet und fertig war das prachtvolle Gotteshaus.

Heute ist der 31. Dezember und wir sind gespannt, wie in Chile Silvester gefeiert wird. Das direkt im Hafen gelegene Restaurant Palafitio wirbt mit einem großen Plakat für den Sylvesterball. Meine Bedenken, abends keinen Platz mehr im Restaurant zu bekommen, sind völlig unbegründet. Aus der groß angekündigten Feier wird nämlich nichts. Nur zehn Leute verirren sich zum Abendessen ins Lokal. Die Band wird abbestellt, das Fest mangels Besuchern abgesagt. Wir lassen uns die Stimmung nicht verderben, genießen einen gegrillten Lachs und dazu eine Flasche Weißwein. Nach dem Essen schlendern wir durch menschenleere Straßen zu unserer Unterkunft und sind bereits lange vor Mitternacht im Bett. Das Feiern haben sie nicht erfunden auf Chiloé!

Vorangehende Doppelseite: Mit großem Geschick treiben die Huasos beim Rodeo von Cochrane den jungen Stier durch die Arena (großes Bild).

Pangue-Pflanzen ähneln dem hiesigen Rhabarber, nur dass sie etwas größer sind (kleines Bild).

Links: Fredi Haase, ein deutscher Dampfschiffkapitän, hat 1906 ein Hotel in Puerto Octay eröffnet.

Gegenüberliegende Seite: Blick ins Hotel von Haase. Hier scheint die Zeit stehen geblieben zu sein.

Der Pazifik zeigt sich von seiner friedlichen Seite

In Quellón, einem kleinen verträumten Fischerdorf, endet die Panamericana im Süden der Insel. Am Neujahrstag sind alle Hotels und Restaurants geschlossen und es ist nicht leicht, ein Zimmer zu finden. Die Cabanas San Pedro haben aber noch eins frei, sogar mit elektrischem Radiator, über dem wir unsere nassen Klamotten trocknen können. Die Restaurants haben zwar geschlossen, aber das Internetcafé ist geöffnet und ich kann in aller Ruhe meine Weihnachts-E-Mails lesen.

Die erste Fähre im neuen Jahr nach Chaitén ist völlig ausgebucht. Schwer beladene Sattelschlepper werden mit Ketten festgezurrt, das Meer kann hier sehr rau sein. Drei brasilianische Motorradfahrer sind auch an Bord. Wir vertäuen unsere Motorräder und stellen uns auf eine schaukelige Überfahrt ein. Aber der Pazifik zeigt sich von seiner besten Seite. Die fünfstündige Überfahrt gleicht einer Ausflugsfahrt am Attersee. Die drei Brasilianer haben es eilig, sie wollen unbedingt noch weiterfahren. Renate und ich übernachten in dem kleinen Ort.

Die gute Piste führt durch eine dicht bewaldete Landschaft vorbei an malerischen Gebirgsseen, einem Paradies für Sportangler. Direkt neben der Piste wachsen Pangue-Pflanzen. Sie ähneln unserem Rhabarber und ihr Stängel wird auch wie Rhabarber gekocht und gegessen. Nur die Blätter sind etwas größer als bei uns und können bis zu anderthalb Meter Durchmesser haben. Puerto Puyuhuapi ist ein Pionierdorf wie aus dem Bilderbuch. Niedrige Holzhäuser stehen am Ufer des Fjordes. Einige wenige Fischerboote schaukeln in den Wellen. Die Brücke über den Rio Pascua hat den klingenden Namen „Puente Walther Hopperdietzel“ (sudetendeutsche Auswanderer haben sich 1935 hier niedergelassen).

415 Einwohner sind schon eine Besonderheit in der Einsamkeit Südchiles (links oben). Curanto heißt das Nationalgericht auf Chiloé (links).

In Castro stehen die mit Blech verkleideten Holzhäuser auf Stelzen direkt am Ufer (rechts oben). Wie Treibgut liegen die Fischerbote bei Ebbe im Hafen von Puerto Montt (rechts).

958
PUERTOMONTT

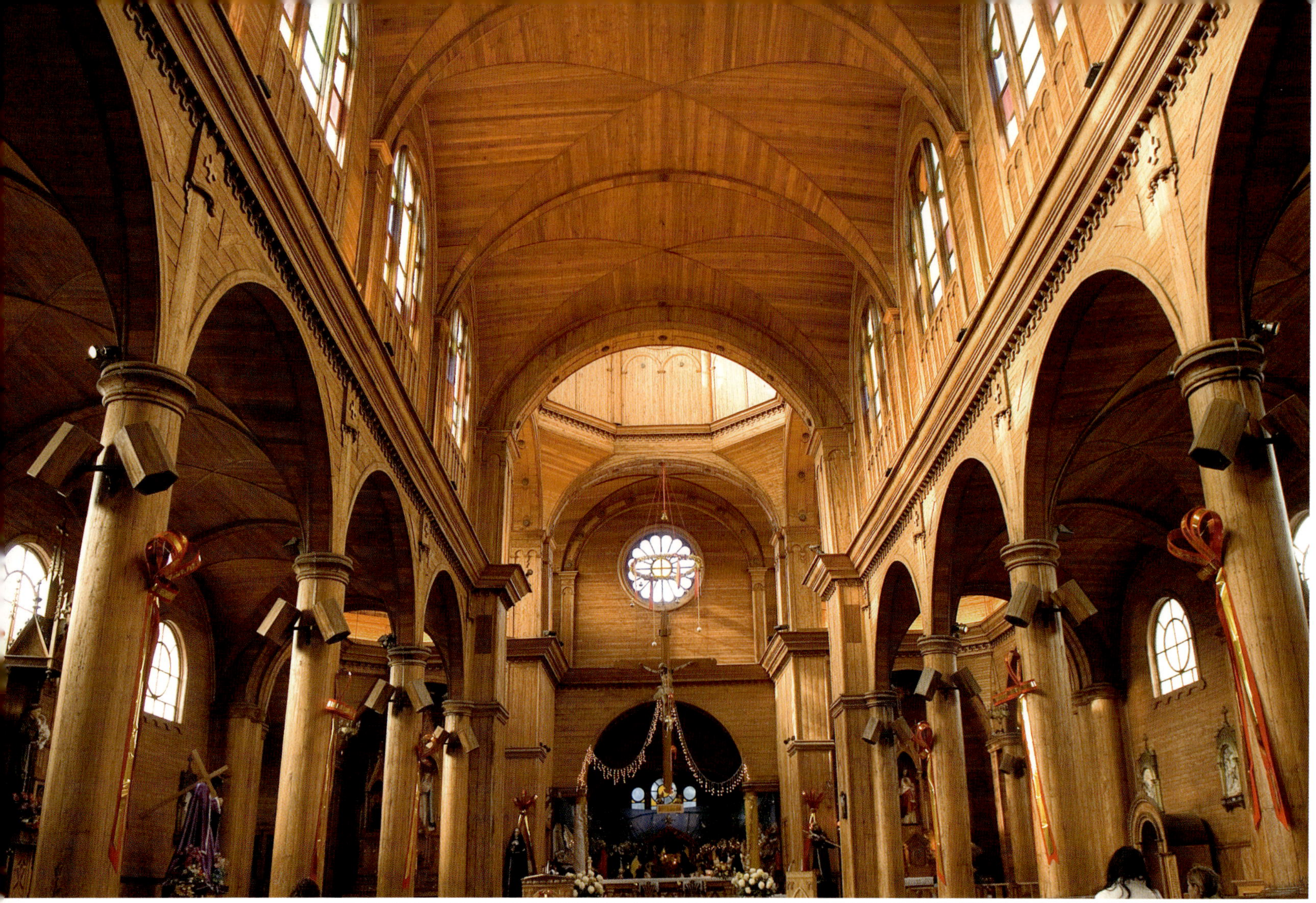

ALEJANDRINA

Beim Rodeo werden Arbeiter zu Großgrundbesitzern

Die dichte Vegetation entlang der Straße gibt nur vereinzelt den Blick auf die umliegenden Wasserfälle, Berge und Gletscher frei. Im Nationalpark Queulat ist die Natur noch in Ordnung, aber eine staubige Baustelle kündigt die Nähe zur Zivilisation bereits an. Straßenbaumaschinen sind im Einsatz. Die letzten Kilometer nach Coyhaique fahren wir dann schon auf bestem Asphalt. Fast 50000 Menschen wohnen in der größten Stadt an der Carretera Austral. Richtung Süden ist das Land wieder dünn besiedelt.

Wir fahren durch gespenstisch abgestorbene Wälder: 1991 ist der Vulkan Hudson ausgebrochen und hat mit seinem Ascheregen jegliche Vegetation in der Nähe erstickt. Bei Puerto Murta erreichen wir den Lago General Carrera. Entlang des malerischen Ufers schlängelt sich die Piste bis nach Puerto Tranquilo. Laut Ortsschild leben hier 415 Menschen. Jorge, einer von ihnen, hat ein Motorboot. Er bringt uns zur Capilla de Mármol, einer pittoresken Felsformation am Rande des Sees.

Mit Cochrane erreichen wir bald unseren südlichsten Punkt an der Carretera Austral. Eigentlich ein verschlafenes Nest, erwacht das Dorf beim jährlichen Rodeo zum Leben. Zwei Tage dauert das Volksfest, 50 Huasos (so werden die Cowboys in Chile genannt) kämpfen vor einem frenetischen Publikum um den Tagessieg. Zu zweit treiben sie mit ihren wendigen Pferden geschickt einen jungen Stier durch die Arena. Entkommt er, ist ihnen spöttisches Gelächter sicher. Das Ganze ist nicht ungefährlich, des Öfteren müssen die Sanitäter gestürzte Reiter auf der Trage aus der Arena holen, aber am Abend sind sie alle wieder auf den Beinen, denn nun geht die Feier erst so richtig los. Die Stiefel der Männer sind blitzblank poliert, die Sporen klirren bei jedem Schritt und der breitkrempige Hut wird den ganzen Abend nicht abgenommen.

Wie Pfaue stolzieren sie durchs Lokal und lehnen sich betont lässig an die Bar. Man könnte meinen, es ist ein Treffen von Großgrundbesitzern und nicht das Fest schlecht bezahlter Farmarbeiter. Für einen Tag ist die harte Arbeit vergessen, sind sie die großen Helden. Ganze Schafe werden gegrillt, palettenweise Dosenbier herbeigetragen. Die Band auf der Bühne spielt chilenische Volksmusik. Man schwingt das Tanzbein, das Bier fließt in Strömen. Vor dem Festzelt findet gerade eine kleine Schlägerei statt, die aber niemand so richtig ernst nimmt. Es herrschen noch raue Sitten in diesem wilden Teil Chiles.

Chiles Straße in die Einsamkeit

Die „Carretera Longitudinal Austral Presidente Pinochet" wurde erst in den letzten 30 Jahren errichtet. Das Militär baute eine Schotterpiste in den einsamen und rauen Süden Chiles. Auftraggeber war Ex-Diktator Augusto Pinochet Ugarte. Einige Teilstücke werden bereits asphaltiert, der Großteil ist aber eine gut zu befahrende Erdstraße.

Die „Carretera Austral", wie die Straße in die Einsamkeit kurz genannt wird, durchquert riesige Urwälder. Douglas Tompkins, früherer Besitzer der Modefirma „Esprit", hat hier mit 450000 Hektar das größte private Naturschutzgebiet der Welt errichtet. Sie schlängelt sich entlang von Fjorden, tiefblauen Seen und mit Schnee bedeckten Bergen immer weiter Richtung Süden, bis mit Villa O'Higgins schließlich der Endpunkt erreicht ist. Dreimal müssen Fjorde mit Fähren überquert werden, die nur in den Monaten Januar, Februar und März in Betrieb sind. Tankstellen sind rar, weswegen man jede Möglichkeit zum Tanken nutzen sollte. Der südlichste Straßenübergang nach Argentinien ist der Paso Roballos nördlich von Cochrane. Von Villa O'Higgins geht es nur noch zu Fuß und mit dem Schiff weiter nach El Chaltén in Argentinien.

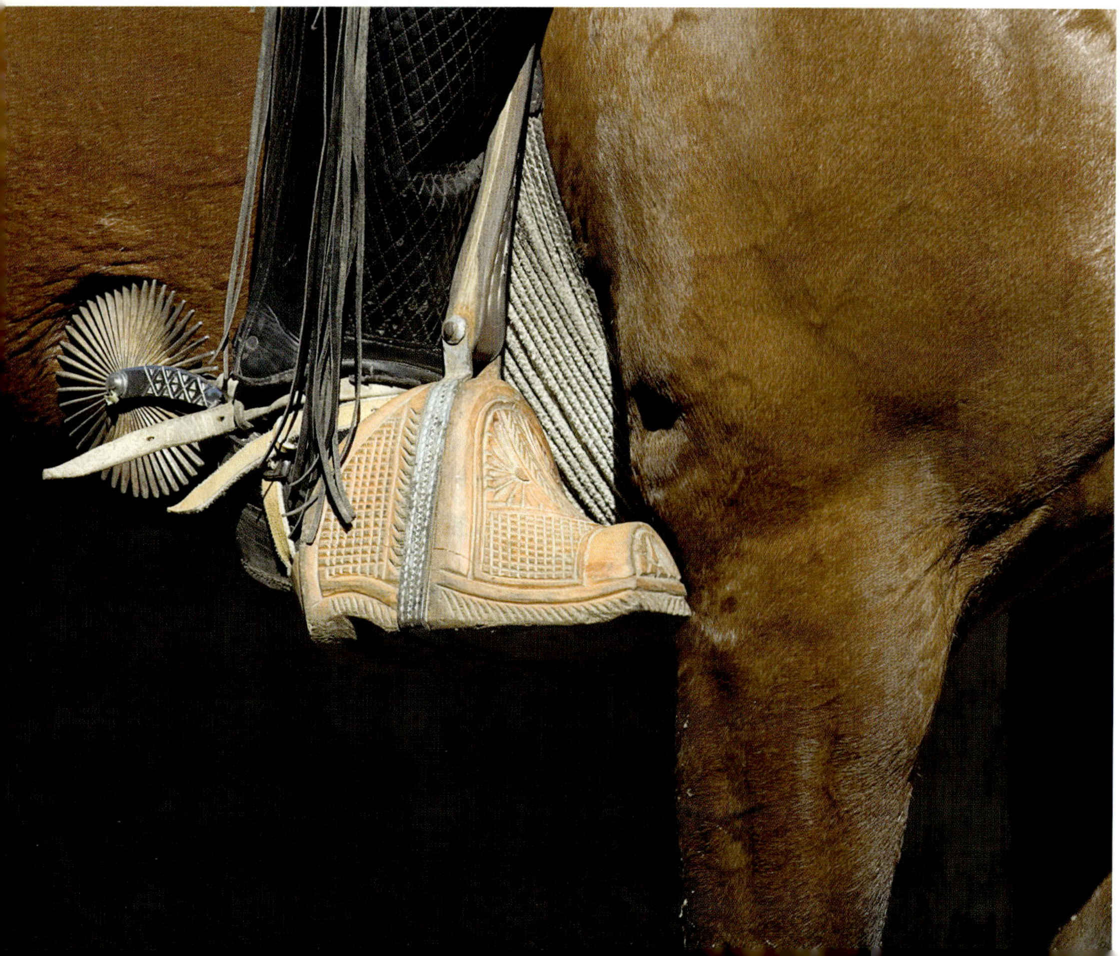

Klirrende Sporen gehören zur Standardausrüstung eines jeden Huasos (links). Europäische Auswanderer haben sich in den entlegensten Gebieten Chiles niedergelassen (rechts oben). Gespannt warten die Reiter auf ihren Auftritt beim großen Rodeo in Cochrane (rechts unten).

Vorhergehende Doppelseite: Die vollständig aus Holz gebaute Kathedrale von Castro wurde von der UNESCO zum Weltkulturerbe ernannt (links oben). Fähren sind ein wichtiges Transportmittel im Süden Chiles (links unten). Hauptattraktion der Insel Chiloé sind die 150 allesamt aus Holz gebauten Kirchen (rechts).

Folgende Doppelseite: Der Lago General Carrera ist der größte See Chiles inmitten einer traumhaften Bergkulisse (links oben). Glasklare Gebirgsbäche sind keine Seltenheit an der Westseite der Anden (links unten). Vor 15 Jahren brach der Vulkan Hudson zum letzten Mal aus und erstickte jegliche Vegetation (rechts oben). Capilla de Mármol (Marmorkapelle) wird diese einzigartige Felsformation im Lago Carrera genannt (rechts unten).

PATAGONIEN

Patagonien reicht in Argentinien vom Rio Colorado bis zur Magellanstraße, jener Meeresstraße, die das Festland von Feuerland trennt. Die Tiefebene ist geprägt von riesigen, offenen Graslandschaften, so weit das Auge reicht. Die Fahrt zur nächsten menschlichen Behausung dauert eine gefühlte Ewigkeit, so kann man die Einsamkeit und Freiheit in der herrlich weiten Landschaft genießen. Es geht vorbei an großen Rinderherden, die von Gauchos, den berittenen Cowboys Südamerikas, gehütet werden. Südlich von Patagonien imponiert die eisige Insel Feuerland durch ihre tiefen, an Norwegen erinnernden Fjorde und die mächtigen Gletscher.

Ritt durch die Einsamkeit bis ans Ende der Welt

Es ist eine schmale Piste, die über den Paso Rodolfo Roballos von Chile nach Argentinien führt. Ein einsamer Radfahrer kommt uns entgegen. Es ist Rudolfo aus Italien, der auf seinem Drahtesel gegen den groben Schotter und immer stärker werdenden Wind kämpft. Ich bewundere immer wieder die körperliche und mentale Stärke dieser Einzelkämpfer. Der argentinische Grenzposten nimmt es ganz genau. Sogar die Fabrikationsnummern der Fotoapparate und der Videokamera werden fein säuberlich in das Formular eingetragen. Der gute Mann hat sichtlich Zeit – wer weiß, wann ihn der nächste Reisende besucht.

Vorbei an pittoresken Felsabbrüchen fahren wir durch eine einsame Landschaft mit einer unglaublichen Vielfalt an Wildtieren: Herden von Guanakos grasen friedlich neben der Piste, Hasen, Füchse und Gürteltiere zwingen uns immer wieder zu wahren Notbremsungen und über den glasklaren Bergseen ziehen Wildenten und Flamingos ihre Kreise. Ein 1,40 Meter großer Nandu liefert sich ein Wettrennen mit uns, fast 70 Stundenkilometer erreicht der größte amerikanische Laufvogel. Als dann noch eine Gruppe von zehn Kondoren am Himmel auftaucht, fällt Renate vor Begeisterung fast vom Motorrad.

Mit Tempo 100 geht es über die Wellblechpiste

Bajo Carcoles ist zwar nicht viel mehr als ein winziges Kaff an einer Straßenkreuzung an der Ruta 40, aber es gibt kaum Reisende, die hier keine Pause einlegen. Hier findet sich nämlich die einzige Tankstelle im Umkreis von 300 Kilometern. Wir können leider nicht direkt entlang der Ruta 40 bis nach Tres Lagos fahren. 350 Kilometer sind mit meinem Tankvolumen nicht machbar. Es bleibt uns daher nichts anderes übrig, als den Umweg über Gobernador Gregores zu wählen. Wahre Horrorgeschich-

Links: Wie üblich versteckt sich das Fitz-Roy-Massiv hinter den Wolken.
Vorhergehende Doppelseite: Wie eine uneinnehmbare Felsburg türmen sich die Cuernos im Nationalpark Torres del Paine empor (großes Foto). Für den obligaten Schnappschuss am Ende der Welt scheint für wenige Augenblicke sogar die Sonne (kleines Foto).

ten haben wir über diesen Teil der Ruta 40 gehört, der extrem gefährlich sein soll. Tiefer Schotter und der starke Wind haben schon so manchen Motorradreisenden zur Verzweiflung gebracht. Für uns sind die nächsten 200 Kilometer zwar auch kein Vergnügen, weil ein orkanartiger Wind höchste Konzentration erfordert, aber der grobe Schotter ist kein Problem für das Fahrwerk der 990er-Adventure. Mit über 100 Sachen sausen wir über die Piste und merken daher auch nichts vom starken Wellblech, treffen aber unterwegs Motorradfahrer, die größte Probleme haben. Wobei sie meistens selbst schuld daran sind: Die Motorräder sind völlig überladen, das Fahrwerk alles andere als offroadtauglich und dazu Turnschuhe oder sogar Sandalen statt Endurostiefeln an den Füßen. Da kann man von Glück sagen, dass die meisten Unfälle so glimpflich ausgehen. Es ist später Sonntagnachmittag, als wir Gobernador Gregores erreichen. Im Canadon Leon, dem einzigen Hotel des Ortes, ist noch ein Zimmer frei. Nach 450 staubigen Kilometern freue ich mich zuerst auf eine heiße Dusche und danach auf eine gute Flasche argentinischen Rotweins zum Abendessen.

Extrem selten: Ein Gletscher, der kontinuierlich wächst

Auch der nächste Tag bringt keine Änderung: Auf einer staubigen Schotterpiste fahren wir durch die öde Pampa. Nach stundenlanger eintöniger Fahrt tauchen die ersten Ausläufer der Anden am Horizont auf und der ohnehin kalte Wind wird noch eisiger. Mit El Chaltén erreichen wir dann unser Tagesziel, nur von dem weltberühmten Bergpanorama ist wegen des schlechten Wetters nichts zu sehen.

El Chaltén verdankt seine Existenz der einzigartigen Lage am Fuße der Anden. Das Dorf besteht nur aus Hotels, Restaurants, Reiseagenturen und Internetcafés. Das Preisniveau ist entsprechend hoch und wir ziehen es vor, auf einem Campingplatz zu übernachten. Der Platz ist gut besucht: Overland-Trucks haben einen Großteil der Fläche mit ihren Zelten in Beschlag genommen. Es wird mir ewig ein Rätsel bleiben, wie man sich freiwillig mit 20 anderen auf die Ladefläche eines Lastwagens setzen kann, um auf diese Weise Südamerika zu bereisen. Von der Freiheit des Reisens bleibt da doch nur wenig übrig. Für die meisten ist das Ganze nur eine große Party, die allabendlich gefeiert wird. So auch dieses Mal, bis fünf Uhr morgens feiert die Gruppe Israelis mit voller Lautstärke eine Party. An Schlafen ist da nicht zu denken.

Aber wenigstens der Wettergott meint es gut mit uns. Am Morgen ist keine Wolke am Himmel. Schnellen Schrittes wandern wir zum Cerro Torre. Durch einen abgestorbenen Wald steigen wir höher und sehen nach drei Stunden den Gipfel des Cerro Torre mit seinen drei Nebengipfeln. Er galt in den 80er-Jahren als schwierigster Berg der Welt. Der Wind treibt die Wolken um seine vereisten Felsspitzen, im davor liegenden Gletschersee schwimmen Eisschollen. Das extreme Klima macht den Berg so schwierig und nur die absolut besten Bergsteiger der Welt schaffen es, mit dem nötigen Wetterglück den Gipfel zu erklimmen. Hut ab vor deren Leistung!

El Calafate ist für patagonische Verhältnisse mit gut 200 Kilometern nur einen Katzensprung von El Chaltén entfernt. Von der Einsamkeit Patagoniens ist hier nichts zu spüren. Es ist Hauptreisezeit und Hunderte Besucher flanie-

ren entlang der Hauptstraße. Alle günstigen Hostels sind ausgebucht, so fahren wir direkt weiter zum Perito Moreno im Nationalpark Los Glaciares. Der Gletscher ist einer der wenigen außerhalb der Antarktis, die kontinuierlich wachsen. Jeden Tag schiebt sich die fünf Kilometer breite und über 50 Kilometer lange Eismasse in den Lago Argentino. Mit einem lauten Krachen stürzen riesige, haushohe Eisbrokken in den See. Stundenlang stehen wir auf der Aussichtsterrasse und versuchen das Spektakel mit dem Fotoapparat festzuhalten.

Kondore über El Calafate

Eine dicke Wolkenfront ist im Anmarsch, es wird Zeit, unser Zelt aufzubauen. Aber alle Campingplätze im Nationalpark wurden geschlossen und wir müssen heute noch die 80 Kilometer nach El Calafate zurückfahren. Die letzten Kilometer legen wir bereits im strömenden Regen zurück, stellen unser Zelt im Garten eines Hostels auf und machen uns auf die Suche nach einem Lokal fürs Abendessen.

„Casimiro Bigua" steht über dem Eingang eines eleganten Restaurants in der Avenida Liberator. Hinter dem großen Fenster werden ganze Schafe am offenen Feuer gebraten, ein verführerischer Duft strömt durch die halb geöffnete Eingangstür. Das Bife de Chorizo, wie das Filetsteak im Fleischparadies Argentinien genannt wird, kommt perfekt medium auf den Tisch. Aus der Auswahl von fast 200 Weinen empfiehlt uns Antonio, der freundliche Kellner, einen Trapiche Cabernet Sauvignon Roble. Der tiefdunkle Wein aus der Gegend Mendoza schmeckt vorzüglich, duftet nach Beeren und leichter Eiche. Ob da eine Flasche reichen wird? Kein Wunder, dass der argentinische Präsident Nestor Kirchner häufig hier vorbeikommt. Sein Wochenendhaus liegt ja gleich um die Ecke. Mit einem starken Espresso beenden wir das opulente Mahl. Was würde dieses Festessen wohl bei uns zu Hause kosten? Hier in Argentinien reißt die Rechnung mit 40 Pesos kein allzu großes Loch in meine Reisekasse.

Von El Calafate Richtung Süden hat die Ruta ihren Schrecken verloren, sie präsentiert sich anfangs als nagelneue Asphaltstraße und ab El Cerrito als Schotter-Highway. Das eintönige Fahren auf der kerzengeraden Piste wird jäh unterbrochen. Renate klopft mir aufgeregt auf die Schulter und deutet Richtung Himmel, dort kreisen sechs Kondore über uns. Jetzt heißt es schnell stehen bleiben, Kamera auspacken und versuchen, das Erlebte auch festzuhalten, was bei den schnell fliegenden Kondoren gar nicht so einfach ist.

Der Grenzübertritt nach Chile ist extrem nervig, denn ein ganzer Reisebus muss vor uns abgefertigt werden. Bei dem Tempo, das die chilenischen Zöllner an den Tag legen, kann das dauern, und wir sind nicht alleine auf dem Weg nach Torres del Paine in Südchile.

Der Torres del Paine: schön, aber völlig überfüllt

Er ist schon beeindruckend, der Blick auf die senkrechten Felsnadeln, aber man teilt das Vergnügen mit Hunderten anderer Besucher. Nirgends sonst auf der gesamten Reise haben wir so viel Autos, Motorräder, Fahrräder und Ausflugsbusse auf einem Haufen gesehen. Laut meinem Reiseführer sollen jährlich über 200 000 Menschen den Park besuchen, und der Großteil kommt wegen des Wetters im kurzen Sommer. Es ist schon später Nachmittag, als wir den Campingplatz am Lago Pehoé erreichen. Unter welchem Namen wir reserviert hätten, fragt uns der nette junge Mann an der Rezeption. Der Platz ist nämlich komplett ausgebucht. Christine und Tom, die mit ihren Afrika Twins auf großer Südamerika-Reise sind, haben den letzten freien Platz ergattert. Sie helfen uns aber

Oben: Ushuaia, die südlichste Stadt der Erde, von hier aus geht es nur mit dem Schiff weiter.
Rechts: Das Ende der Ruta 3 markiert den südlichsten Punkt der Reise.
Vorhergehende Doppelseite: Eine schmale Piste führt über den Paso Rodolfo Roballos nach Argentinien (links oben). Regelmäßig stürzen Teile des Perito-Moreno-Gletschers in den Lago Argentino (links unten). Der 3 133 Meter hohe Cerro Torre (rechts oben). Gute Schotterpisten gibt es im Nationalpark Torres del Paine (rechts unten).

Argentiniens Gauchos

Über Jahrhunderte waren die Gauchos das Symbol der Freiheit in Argentinien. Sie lebten in der Weite der Pampa, zähmten Wildpferde und fingen streunendes Vieh ein. Ende des 19. Jahrhunderts war es vorbei mit der großen Freiheit. Die Pampa wurde auf Großgrundbesitzer aufgeteilt und eingezäunt. Heutzutage wird ein Teil der Arbeit, die einst von den Gauchos auf ihren Pferden verrichtet wurde, mit Lastkraftwagen und Hubschraubern erledigt. Ganz ohne sie funktioniert die Farmwirtschaft aber noch nicht: Als fix angestellte Hilfskräfte verdienen sie sich ihren Lebensunterhalt auf den großen Estancias. Die Zeit, in der sie als eigene Herren über die Pampa ritten, ist längst Geschichte.
Nur noch selten sieht man die stolzen Reiter riesige Rinderherden durch die Landschaft treiben. Wobei zum Teil bereits das einst so treue Pferd einem japanischen Quad weichen musste. Riesige Grillfeste, sogenannte Asados, und das Trinken von Mate-Tee sind aber auch heute noch ein wichtiger Bestandteil des argentinischen Lebens und untrennbar mit dem Mythos der Gauchos verbunden.

spontan, wir können gerne unser Zelt auf ihren Platz dazustellen. Das fahrende Hotel von Rotel Tours hat ebenso seine Zelte aufgeschlagen wie einige Overland-Busse, dazu Urlauber aus Chile und Argentinien. Das Abendessen im ungemütlichen Speisesaal ist teuer und nicht einmal gut. Mit Wehmut denke ich da an die köstlichen Restaurants in Argentinien zurück.

Um 5:30 Uhr weckt mich das laute Summen meiner Uhr: Zeit zum Aufstehen, ich möchte ja den Sonnenaufgang fotografieren. Dunkel, fast mystisch ragen die Cuernos in den Morgenhimmel. Immer wieder werden sie durch Wolkenfetzen verdeckt. Es ist eisig kalt, und außer Renate, die Filmaufnahmen macht, ist noch niemand wach: Das ist eben der Preis für gute Bilder. Die Piste auf der Westseite des Lago del Toro nach Puerto Natales ist offiziell gesperrt. Eine Schranke und zwei Erdhaufen machen die Weiterfahrt für Autos unmöglich, aber mit dem Motorrad ist es kein Problem, die Absperrung zu umfahren, und wir genießen 60 Kilometer nagelneue autofreie Piste, eine Seltenheit im Torres del Paine.

Auf der guten Asphaltstraße nach Punta Arenas ist kein gemütliches Dahinrollen möglich. Zu stark sind die Sturmböen, die uns fast in den Straßengraben treiben: Dieser ewige Wind geht mir schön langsam ziemlich auf die Nerven.

Neben der Straße liegen Unmengen wassergefüllter Plastikflaschen. Es ist nicht wie anderswo wahllos weggeworfener Müll, nein, die Flaschen sind fein säuberlich angeordnet. Es ist eine Gedenkstätte zu Ehren von „Difunta Correa". Sie gilt als Beschützerin aller Reisenden, die alleine durch die endlosen Weiten Patagoniens fahren.

Überfahrt nach Feuerland

Nachdem sich die Fahrzeiten der Fähre von Punta Arenas nach Porvenir immer wieder ändern, ist unser erster Weg in die Avenida Bulnes zur Reederei. Nicht wie laut Reiseführer am nächsten Tag um neun Uhr, sondern bereits heute Abend um acht Uhr ist die Abfahrt. Die Passage wird gebucht und nun geht es noch schnell zum örtlichen KTM-Händler. Meine Kette ist nach 20000 Kilometern ziemlich fertig und muss dringend getauscht werden. Die Kette habe ich bereits beim Händler in Puerto Montt vorbestellt und man wartet schon auf mich. Der Mechaniker meint allerdings, bevor er mit der Arbeit beginnt, möchte er die Adventure noch waschen, der Staub Hunderter Pistenkilometer klebt am ganzen Motorrad.

Mit sauberem Motorrad und neuer Kette stehen wir im Hafen von Punta Arenas, nur noch die Magellanstraße trennt uns von Feuerland. Die Barcaza Melinka wartet bereits mit offener Ladeluke. Das Meer scheint mir außergewöhnlich ruhig, aber die Besatzung meint, wir sollten das Motorrad doch noch besser anbinden. Und sie sollten recht behalten: In der Magellanstraße herrscht starker Seegang, die Gischt schlägt über das wild schaukelnde Boot. Wir sind alle froh, nach zweieinhalb Stunden wieder auf festem Boden zu stehen. Bei strömendem Regen machen wir uns auf Zimmersuche in Porvenir. Alle günstigen Quartiere sind voll, nur im Hotel Sahra gibt es noch freie Betten. Abschließend feiern wir mit einigen Flaschen Bier unsere Ankunft in Feuerland.

Der Wind lässt auch in Feuerland nicht nach, und dazu blockieren immer wieder riesige Schafherden die Piste. Die mehrere Hundert Schafe zählende Herde wird nur von zwei Gauchos mit ihren Hunden begeleitet. Das dumpfe Grollen aus meinem Auspuff erschreckt einige der frisch geschorenen Schafe und sie fliehen in sichere Entfernung. Ein kurzes Pfeifen des Gauchos, die Hunde sausen davon und wenige Minuten später sind die Ausreißer wieder bei der Herde.

Ohne Probleme überqueren wir die Grenze und sind nun im argentinischen Teil Feuerlands. Am Passo Garibaldi empfängt uns leichtes Schneetreiben und eisige Kälte, es sind nur noch wenige Kilometer bis Ushuaia. Nach 21736 Kilometern quer durch Südamerika stehen wir am südlichsten Punkt der Ruta 3, hier geht es dann nur noch mit dem Schiff weiter in die Antarktis. Und der Wettergott meint es gut mit uns, für das obligatorische Foto am Ende der Welt scheint für wenige Augenblicke sogar die Sonne.

Oben: 15 Millionen Schafe soll es in Patagonien geben. Oben links: Die Gauchos waren einst das Symbol der Freiheit in Argentinien.

ARGENTIN
DIE OSTKÜ

IEN –
STE

Der Osten Argentiniens ist trocken, heftig weht der aus Südwesten kommende Wind „Pampero", der regelmäßig alle ein bis zwei Wochen bläst. Von Feuerland setzen wir mit der Fähre über die Magellanstraße und fahren Richtung Norden, verlassen hier Patagonien und erreichen schließlich die Pampas-Region. Je weiter man nach Norden vordringt, desto mehr Rinder sichtet man und desto dichter wird die Besiedlung. Etwa auf halbem Weg zwischen Feuerland und Buenos Aires liegt das Naturreservat auf der Halbinsel Valdés. Hier kann man neben Seelöwen und See-Elefanten eine Vielzahl weiterer Meeressäugetiere beobachten.

Langer Ritt zur Schlucht des

Der Abschied von Ushuaia wird uns leicht gemacht. An einem trüben Morgen starten wir zum letzten Abschnitt unserer Reise. Die Straße ist regennass und der obligatorische Ostwind fegt uns fast in den Straßengraben.

Bei San Sebastian reisen wir von Argentinien nach Chile aus und fahren mit einer Fähre noch einmal durch die Magellanstraße an ihrer engsten Stelle. Am Nachmittag überqueren wir erneut die Grenze, um wieder nach Argentinien einzureisen. Wer hat diese Grenzen gezogen?

Ein langer Tag endet in Rio Gallegos. Im Hotel Nevada dürfen wir das Motorrad in die Rezeption stellen. Wir sind zu müde, um uns selbst ein Restaurant zu suchen, und folgen dem Tipp des Reiseführers. Das „Lagunacazul" ist laut Buch der wichtigste Grund, eine Nacht in Rio Gallegos zu verbringen. Und der Autor hat absolut recht: In einem angenehmen Ambiente wird bestes Essen zu vernünftigen Preisen serviert. Der gegrillte Lachs mit Muscheln ist phänomenal und die hausgemachte Pasta mit Pilzen ein absolutes Gedicht. Dazu ein wunderbarer Cabernet von La Terazza und die Strapazen des Tages sind vergessen. Auch am nächsten Tag steht wieder eine eintönige Etappe entlang der Ruta 3 auf dem Programm. Asphalt bis zum Horizont durchschneidet die Pampa de las Tres Hermanas. Der noch immer extreme Wind macht die Fahrt, trotz guter Straße, zu keinem Vergnügen. Nach 800 faden Kilometern erreichen wir Comodoro Rivadavia.

Der Hinterreifen ist nach 5000 Kilometern schon ziemlich fertig und ich begebe mich auf die Suche nach einem neuen. In einem Yamaha-Laden werde ich schließlich fündig. Ein völlig verstaubter Metzeler Karoo hat die passende Größe. Alle anderen Reifen passen nur für die kleinen 250er-Modelle, die hier in erster Linie

Teufels

verkauft werden. Ich hätte mir für die restliche Asphaltstrecke zwar einen etwas weniger groben Reifen gewünscht, bin aber froh, überhaupt einen gefunden zu haben.

Auch von Comodoro Rivadavia Richtung Norden ist die Strecke durch die Weite der Pampa nicht gerade ein motorradfahrerisches

Oben: Die riesige Seelöwenkolonie bei Punta Norte riechen wir bereits lange, bevor wir sie sehen können.

Vorhergehende Doppelseite: Im El Palmar fährt man auf guten Schotterpisten durch die Palmenhaine.

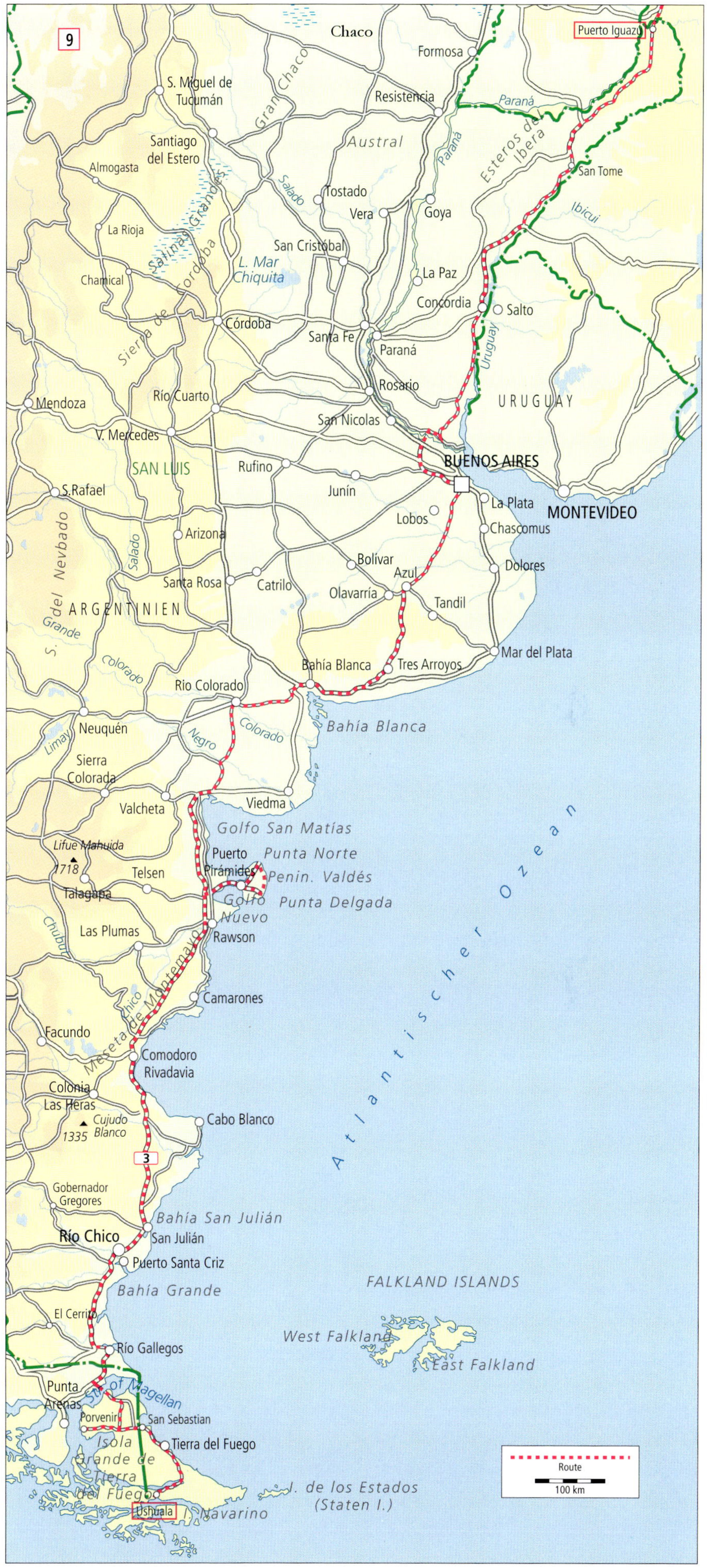

Highlight, aber wir haben heute wenigstens ein interessantes Etappenziel vor uns: die Halbinsel Valdés mit dem gleichnamigen Nationalpark.

Der Campingplatz in Puerto Pirámides ist ziemlich voll, alle windgeschützten Plätze sind belegt, nur wenige schattenlose und windige Flächen sind frei. Der Golfo Nuevo ist zur Ferienzeit und am Wochenende ein beliebtes Ausflugsziel. Der kleine Strand präsentiert sich voller Menschen, in der Bucht sausen Motorboote und Jetskifahrer über die Wellen – nicht ganz das Bild eines Nationalparks, wie wir es kennen. Die Ostseite der Insel ist aber noch das naturbelassene Reich der Tiere. Die riesige Seelöwenkolonie riechen wir bereits, bevor sie in Sichtweite kommt. Laut Auskunft des Parkrangers bevölkern 593 Weibchen, 169 Männchen und 485 Junge den schmalen Strandstreifen. Wie man das in dem Durcheinander wohl so genau zählen kann? Angeblich tauchen hier auch Orcas auf, um sich Seelöwen zum Lunch zu holen. Wir warten zwei Stunden, aber von einem Killerwal ist weit und breit nichts zu sehen. Entlang der Ostküste führt eine tiefe Schotterpiste nach Caleta Valdés, ich habe den groben Hinterreifen also nicht umsonst montiert. See-Elefanten liegen wie angeschwemmte Fische am Strand, nichts in aller Welt kann ihre Siesta stören. Den mühseligen Weg zurück ins Wasser legen sie in Etappen zurück. Für das Leben an Land sind sie nicht geschaffen.

„Buenos Aires – 430 km" steht auf dem Hinweisschild. Ich bin froh, dass die Kilometerfresserei der letzten Tage bald ein Ende hat. Bis in die Hauptstadt werden wir heute nicht mehr fahren, sondern in Azul übernachten.

Eine Puch in Argentinien

Posta del Viajero en Moto steht in großen Buchstaben auf dem unscheinbaren Haus am Stadtrand. Jorge hat unser Motorrad schon gehört und begrüßt uns wie alte Freunde, zeigt uns den Platz zum Campen und seine Werkstatt. Die Wände des Raumes sind bemalt, aus allen Teilen der Erde haben sich hier Reisende verewigt. Zu meiner Überraschung finde ich auch ein riesiges Puch-Zeichen an der Wand. Jorge hat es selbst gemalt. Er ist stolzer Besitzer einer 250 TF aus dem Jahr 1950. Als ich ihm sage, dass mein Vater eine 250 SGS zu Hause hat, ist er völlig aus dem Häuschen. Aber wie in aller Welt ist dieses Motorrad aus Österreich nach Argentinien gekommen? Auch Jorge kann mir darauf keine Antwort geben. Er ist gerade dabei, die betagte Puch zu restaurieren, und zeigt mir stolz eine nagelneue Luftpumpe und eine Hupe. Teile, die nicht in Argentinien erhältlich sind, sondern von Reisenden mitgebracht wurden. Ich schreibe mir seine Adresse auf und verspreche ihm, einen Satz neuer Speichen aus Österreich zu senden, wofür er sich schon jetzt überschwänglich bedankt.

Korrupte Polizisten

Auf einer mehrspurigen Autobahn nähern wir uns Buenos Aires. Einmal mehr bin ich begeistert über die Genauigkeit der GPS-Karten von MAPEAR. Problemlos finden wir das kleine Hotel direkt im Zentrum. Wir schlendern durch die Florida-Fußgängerzone und besuchen La Boca, wo man vor lauter Touristen die Tangotänzer fast nicht mehr sieht.

Frühmorgens verlassen wir die noch schlafende Großstadt. Der Rio Paraná wird auf einer riesigen Hängebrücke überquert. Entlang des Rio Uruguay gleiten wir gemütlich Richtung Norden. Im Nationalpark El Palmar bauen wir unser Zelt direkt am Ufer des Flusses auf, fahren auf guten Schotterpisten durch die Palmenhaine und genießen einen unbeschreiblichen Sonnenuntergang. Eine willkommene Abwechslung nach Tausenden langweiligen Straßenkilometern.

Rechts: Die 3500 Kilometer entlang der eintönigen Ruta 3 gehören sicherlich nicht zu den Highlights einer Südamerikareise.

Jorge ist stolzer Besitzer einer österreichischen Puch TF 250 (oben links). Neben Inschriften von Reisenden aus allen möglichen Ländern finden wir auch das Puch-Logo in der Werkstatt von Posta del Viajero en Moto (oben Mitte). Tankstellen sind eine willkommene Abwechslung in der Weite Patagoniens (oben rechts).

MOTO...
ESTRADA...
CERVEJA...
MULHER...
E AGORA,
JORGE A
LEGENDA!
PARANA
BRASIL
01/01/06
NX400
TORNADO
CASA!
PUCH
2003

Restaurante
PETROBRAS
Super +
DAKAR
AUSTRIA
PIRELLI

La Estancia
POLLO SPIEDO CHIVITO
PARRILLADA BIFES ASAD
La Estancia
La Estancia

CAFE BAR
Filiberto
Quilmes
Coca-Cola
Filiberto
Bienvenidos a la Republica de La Boca
Welcome to the Republic of La Boca
TANGO
PIAZZOLLA
Coca-Cola
Budweiser

ESTANCIA
UN FOGON
CORAZON

AIRE ACONDICIONADO
PASTAS
SALSA
ITALIANA
Pulpetines
BAR

Die Zeit in Argentinien geht dem Ende entgegen und bisher hatte ich eigentlich noch keine schlechte Erfahrung mit der angeblich so korrupten Polizei. Bei den meisten Kontrollen wurden wir weiter gewunken oder nur kurz der Pass kontrolliert. Der fette, in seiner viel zu engen Uniform schwitzende Polizist hat aber mehr mit uns vor. Zuerst will er alle Papiere sehen. Ich gebe ihm Führerschein, Zulassung und die für Argentinien gültige Versicherungspolice. Er ist erst mal enttäuscht, nicht viele Reisende haben eine und da kann er dann schon ordentlich abkassieren. Ein Grinsen kommt zurück auf sein Gesicht, die Police läuft am 19. ab und wir haben ja schon den 29. Ich frage ihn, ob er nicht lesen kann, der 19. ist schon richtig, nur halt Februar und nicht Januar, sie gilt noch fast einen Monat. Wieder der ernste Kontrollblick: Wo ist das Verbandspaket? Ich frage ihn ob er allen Ernstes glaubt, dass ich ohne Erste-Hilfe-Kasten durch Südamerika reise. Aber er hat noch einen letzten Trumpf: Wo ist der Feuerlöscher?

Den habe ich natürlich nicht und nun kann er mich endlich zu seinem Vorgesetzten weiterschicken. Der lässt mich etwas warten, denn er muss zuerst noch seine Siesta beenden. Fahren ohne Feuerlöscher ist ein schweres Delikt, er zeigt mir einen für mich völlig unleserlichen spanischen Gesetzestext und beginnt den Strafzettel zu schreiben: 728 Pesos, ich bin völlig von den Socken. Das sind ja 200 Euro, so viel Pesos habe ich nicht dabei. Kein Problem, er nimmt auch Dollar oder ich kann ihm ja eine Bestätigung für die Abbuchung meiner Kreditkarte ausstellen. Ich erkläre ihm, dass ich weder Euro noch US-Dollar und auch keine Kreditkarte habe – nicht ganz die Wahrheit. Nach langem Hin und Her einigen wir uns auf eine reduzierte Strafe von 362 Pesos. An der nächsten Tankstelle kaufe ich mir dann einen Ein-Kilo-Feuerlöscher. Der freundliche Tankwart fragt mich, ob ich auch von dem korrupten Posten am Ortseingang aufgehalten wurde. Der sei nämlich darauf spezialisiert, Ausländer abzuzocken …

Porto Iguazú – Die letzten Tage in Argentinien

Leicht angefressen spule ich die letzten Kilometer bis San Tome herunter, wo es dann nicht einmal eine offene Bar gibt, in der ich meinen Ärger hinunterspülen kann.

In Puerto Iguazú verbringen wir die letzten Tage in Argentinien, besuchen die beeindruckenden Wasserfälle und wandern zur Garganta del Diabolo, der Teufelsschlucht. Von drei Seiten stürzen die Wassermassen in die Tiefe. Die aufsteigende dichte Gischt verschleiert den Blick und nach wenigen Minuten sind wir bis auf die Haut nass.

Oben: La Posta del Viajero en Moto ist der Treffpunkt aller Motorradreisenden in Azul.

Die meisten Überlandstraßen in Argentinien sind zwar Mautstraßen, aber für Motorräder gratis befahrbar (oben links).

Vorhergehende Doppelseite:

La Estancia, das Grillrestaurant im Herzen von Buenos Aires. Unmengen an Fleisch werden jeden Abend hier verdrückt (links oben).

Caminito heißt die bekannteste Straße in La Boca und darf in keiner Sightseeingtour fehlen (links unten).

Ganze Schafe werden bei einem argentinischen Asado am offenen Feuer gegrillt (rechts oben).

Straßenkünstler zeigen in La Boca ihre Tanzkünste (rechts unten).

Folgende Doppelseite: Von drei Seiten stürzen die Wassermaßen in der Garganta del Diabolo (Teufelsschlucht) in die Tiefe.

La Posta del Viajero en Moto

„Welcome to La Posta!
If you are a motorcyclist you are always welcome at La Posta. Here we enjoy the company of motorcyclists from all corners of the world, who choose to explore their passion for two wheeled travel."
Das sind die einleitenden Worte auf der Homepage von Jorge und Monica Cuatrochio und sie sind ernst gemeint. Seit 1993 betreiben sie das La Posta in Azul, ca. 300 Kilometer südlich von Buenos Aires. Motorradreisende aus aller Welt haben hier schon übernachtet. Eine willkommene Abwechslung zu den überfüllten Hostels, lauten Campingplätzen und unpersönlichen Hotels, in denen man sonst absteigt. Die Asados von Jorge haben bereits Kultstatus und Gastfreundschaft wird hier noch großgeschrieben. Im Garten hinter der kleinen Werkstatt kann man sein Zelt aufstellen und trifft mit Sicherheit andere Reisende. So mancher wollte nur einmal übernachten und ist dann länger geblieben. Es gibt keinen fixen Tarif für das Übernachten in dieser Oase der Menschlichkeit, aber man sollte nicht vergessen, vor der Abreise etwas in die Donation-Box zu werfen. Infos unter www.laposta-azul.com

PRECAUCION
SALIDA DE
CAMIONES
GARMIN

Der Nationalpark El Palmar schützt den letzten großen Yatay-Palmenwald Argentiniens (oben links).

Achtung Polizeikontrolle! Leider gehen sie nicht immer gut aus ... (links)

Die Palmen entlang des Rio Uruguay sind über 200 Jahre alt (oben).

Puerto Madero ist das neueste Stadtviertel in Buenos Aires (rechts).

BRASILIEN

Das größte Land Südamerikas ist überzogen von dichtem Urwald, den der Amazonas, der längste Fluss der Welt, durchfließt. Bekannt ist Brasilien für den Samba, den rauschenden Karneval, die schönen Frauen und einen Stadtteil in Rio de Janeiro mit dem berühmtesten Strand der Welt: die Copacabana. Auf der kurvenreichen Straße Richtung Rio entlang der Küste rasten wir an einem der zahllosen Bilderbuchstrände und genießen den warmen Südatlantik. In Rio angekommen, beeindrucken uns die schöne Altstadt und das berühmte Sambadrom – und wir besuchen, natürlich mit einem Führer, eine der vielen Favelas der Stadt, die berüchtigten Armenviertel Rios.

Zwischen Glanz und Elend

Die Einreise nach Brasilien wäre eigentlich ganz einfach, hätte der Zöllner weniger Probleme mit den Tücken des Computers. Nach dem dritten Neustart ist nun endlich das Zollformular richtig ausgefüllt und abgespeichert. Nur beim Ausdrucken steht er vor seiner nächsten Herausforderung. Unzählige Seiten sind bereits im Papierkorb gelandet, als er völlig frustriert aufgibt und einen Kollegen holt. Der stellt fest, dass das Formular total falsch ausgefüllt ist, korrigiert das Ganze und dann, welch Wunder, ist auch das Drucken kein Problem für ihn.

Foz de Iguazu ist eine große Stadt mit über 300 000 Einwohnern. Für uns soll sie der Ausgangspunkt sein, um die brasilianische Seite der berühmten Wasserfälle zu besichtigen. Im Nationalpark ist alles perfekt organisiert, mit Doppeldeckerbussen werden Massen von Besuchern zu den Aussichtspunkten gefahren. War in Argentinien die Nähe zu den Wasserfällen das Beeindruckende, so haben wir von Brasilien aus einen faszinierenden Blick auf die gesamte Breite der Fälle. Das sind immerhin zwei Kilometer.

Die Strecke von Cascavel nach Curitiba ist eine nagelneue Fernstraße. Auf diesem Teilstück gibt es leider nicht die sonst in Südamerika übliche Mautbefreiung für Motorräder. Auf 600

Oben: Rio de Janeiro gilt mit Recht als die schönste Stadt Südamerikas.
Vorhergehende Doppelseite: Hoch über Rio thront die 38 Meter hohe Statue des Cristo Redentor. Kleines Foto: Frische, eisgekühlte Kokosnüsse werden entlang der brasilianischen Küste häufig angeboten.

Kilometern werde ich zehn Mal zur Kasse gebeten. In der Summe muss ich 14 Euro blechen: Motorrad- und Autofahren sind in Brasilien kein billiges Vergnügen. Gasolina, wie das Benzin genannt wird, kostet 2,60 Reais. Das ist umgerechnet fast ein Euro für einen Liter. Das Benzin hat außerdem keine gute Qualität.

Ein Caipirinha am Traumstrand

Ein Polizist winkt uns an den Straßenrand. Ich bin nach der Erfahrung in Argentinien schon auf das Schlimmste vorbereitet, aber der Polizist hat ein breites Grinsen aufgesetzt und will sich nur die KTM anschauen. Er ist selbst Motorradfahrer und Besitzer einer betagten Super Ténéré. Eine KTM 990 Adventure wäre sein Traum. Die kostet in Brasilien aber stolze 30000 Euro und wird daher bei seinem Gehalt ein Traum bleiben.

Bei Peruibe erreichen wir die Küste und damit ein kleines Motorradparadies. Es ist jedoch Vorsicht geboten. Die Brasilianer glauben allesamt, dass sie Nachfahren von Ayrton Senna sind, und rasen wie die Verrückten durch die Gegend. Die kurvige Straße schlängelt sich entlang der Küste in Richtung Rio de Janeiro. Immer wieder haben wir traumhafte Ausblicke auf wahre Bilderbuchstrände. Mit Trindade finden wir ein kleines Paradies. Die idyllische Ortschaft liegt weitab vom Massentourismus und wir bauen unser Zelt direkt am Strand auf. Ich genieße es, um 7.30 Uhr aufzustehen und als Erster in die glasklaren Fluten zu springen, den ganzen Tag zu faulenzen und im Schatten einer Palme sitzend einen Caipirinha zu schlürfen. Doch unsere Reise geht langsam dem Ende entgegen und wir müssen nach Rio aufbrechen, aber nicht ohne vorher noch Paraty zu besuchen. Die historische Altstadt, deren Architektur aus dem 17. Jahrhundert fast vollständig erhalten ist, steht unter Denkmalschutz. Das unebene Kopfsteinpflaster wurde einst noch von Sklaven verlegt. Es gibt keinen Regenkanal, nach jedem tropischen Guss verwandeln sich die engen Gassen in kleine Bäche.

Je näher wir Rio de Janeiro kommen, desto dichter wird das Verkehrsaufkommen. Auf einer zweistöckigen Autobahn rasen wir durch die weitläufigen Vororte und stehen nach exakt 28838 Kilometern quer durch Südamerika an der Copacabana. Das Ziel ist erreicht! Aber wo sind die Bikinischönheiten aus den Hochglanz-Werbeprospekten? Es sind zwar Massen von Menschen am Strand aber Schönheiten sind auch hier rar.

Besuch im Armenviertel

Da ich die letzten Tage in Südamerika nicht in einem der unpersönlichen Hotelblöcke an der Copacabana verbringen möchte, suchen wir ein Zimmer im Künstlerviertel Santa Teresa. Erik, ein verkrachter Bildhauer, vermietet drei Zimmer in seinem Haus. Unseres ist nichts Besonderes, aber der Ausblick von der Terrasse ist sagenhaft. Ganz Rio liegt uns zu Füßen. Wir genießen den lauen Abend und trinken einige Dosen Bier. Lautes Knallen durchdringt die Stille. Renate glaubt an ein Feuerwerk, aber Erik belehrt uns eines Besseren. Was wir gerade hören, ist kein Feuerwerk, sondern die Schießerei zweier Drogenbanden. Direkt an Santa Teresa grenzt eine Favela und dort herrschen eigene Gesetze. Erik fragt, ob wir das Armenviertel besuchen wollen, und Renate ist zwar etwas skeptisch, aber ich möchte es mir nicht entgehen lassen. Gemeinsam mit Erik besuchen wir die

Favela Prazeres. Charles, ein Freund von ihm, betreibt dort ein soziales Projekt. Mit ihm können wir sicher durch die steilen Gassen gehen. Begrüßen den Drogenboss, sehen Halbwüchsige, wie sie neben spielenden Kindern ihre Pistolen reinigen und für die nächste Nacht neu laden. Zum Abschluss zeigt er uns noch sein Projekt: In einem kleinen Raum stehen fünf Computer. Mit EDV-Kursen versucht Charles den Kids andere Perspektiven als Gewalt und Drogenhandel zu zeigen.

Zum Karneval in Rio

Es ist das letzte Faschingswochenende, aus riesigen Boxen dröhnt die Samba-Musik und ganz Rio ist im Karnevalfieber. Die Carmelitas sind der Block in Santa Teresa, dessen Auftritt den Faschingshöhepunkt im Viertel darstellt. Das Bier fließt in Strömen und die Straßen sind voll mit tanzenden Menschen. Bis in die frühen Morgenstunden dauert das ausgelassene Fest.

Oben: Das grobe Kopfsteinpflaster von Paraty wurde einst noch von Sklaven verlegt.

Linke Seite: Idyllische Strände sind in Brasilien leicht zu finden (oben).

14 Euro für 600 Kilometer, Reisen ist nicht billig auf Brasiliens Straßen (unten).

Folgende Doppelseite: Die Kinder der Favela Prazeres blicken in eine ungewisse Zukunft.

Seite 114: Die historische Altstadt von Paraty steht unter Denkmalschutz (oben).

Die unbändige Lebensfreude der Brasilianer erleben wir beim Karneval in Rio (unten).

Seite 115: Die Wellen vor Trindade sind ein beliebtes Ziel der lokalen Surfcracks (oben).

Mit einer altersschwachen Straßenbahn geht es die steile Straße nach Santa Teresa hinauf (unten).

Natürlich wollen wir auch noch das weltberühmte Sambadrom besuchen. Am Schwarzmarkt ergattern wir noch zwei der sehr begehrten Karten. Die besten Sambaschulen Rios tanzen vor 70000 Besuchern und den Augen einer strengen Jury, und wir stehen mitten in einer singenden und ekstatisch tanzenden Menschenmenge, werden schließlich mitgerissen von der überschwänglichen Lebensfreude. Für einige Stunden vergessen wir gemeinsam mit den Bewohnern Rios die Probleme des Alltags. Und in diesem Sinne endet hier unsere abenteuerliche Reise durch Südamerika.

Favelas im Wandel der Zeit

Als Favelas werden in Brasiliens Städten die Armenviertel bezeichnet. In Rio de Janeiro leben schätzungsweise 30 Prozent der Gesamtbevölkerung in diesen Vierteln. Während sie in anderen Großstädten Südamerikas normalerweise am Stadtrand zu finden, so sind sie in Rio durch die geografische Lage mit den vielen Bergen auf das gesamte Stadtgebiet aufgeteilt. Früher bestanden die Favelas nur aus Hütten, die aus allen möglichen Materialien wie Kisten, Brettern und Blechkanistern zusammengebastelt waren. Heutzutage hat sich die Lage speziell in Rio gebessert, die meisten Häuser sind gemauert. Die Regierung hat im Jahr 2000 das Programm Favela Bairro gestartet. Bis 2010 soll es überall Strom, Wasser und Kanalisation geben. Trotz allem bleiben die Favelas eine Stadt in der Stadt. Die öffentliche Stadtverwaltung hat hier keinen Einfluss mehr. Die Bosse der jeweiligen Drogenkartelle haben das Sagen. Gewaltverbrechen sind an der Tagesordnung und Schätzungen zufolge sterben alleine in Rio wöchentlich 100 Menschen durch Überfälle oder bei Kämpfen von rivalisierenden Drogenbanden. Trotzdem sollte man unbedingt eine Favela besuchen, um einen Einblick in die Lebensweise dieser Menschen zu bekommen – aber natürlich nur mit einem ortskundigen Guide, denn alleine durch eine Favela zu laufen kann fatale Folgen haben.

12

TIERWELT

Südamerika und die Galapagos-Inseln bilden die Heimat für eine vielfältige und artenreiche Tierwelt, zum Beispiel gefräßige Piranhas, urzeitliche Echsen, Landschildkröten und die wegen ihrer Spuckattacken berüchtigten Lamas in den Anden. Folgen Sie uns auf eine Entdeckungsreise in Bildern in die Tierwelt eines faszinierenden Kontinents!

Bunte Tierwelt Südamerikas

Ein Besuch der **Galapagos-Inseln** ist sicherlich ein absolutes Highlight jeder Südamerikareise. Natürlich ist es nicht möglich, auf den Inseln mit dem Motorrad herumzufahren. Am besten bucht man in Quito bereits eine mehrtägige Tour bei einer der vielen Reiseagenturen. Fünf Tage sollte eine solche Tour schon dauern, damit man auch die Inseln Española und Santa Maria besuchen kann.

Tierbeobachtungen im **Amazonasgebiet** sind dagegen nicht so einfach, da braucht man schon etwas Geduld. Am meisten Chancen hat man, wenn man sich mit einem lokalen Führer auf den Weg macht. Die Gareno Lodge in **Ecuador** hat sehr gut ausgebildete Guides und bietet ausgezeichnete Möglichkeiten zur Vogelbeobachtung. Auf der Halbinsel **Valdés** sieht man das ganze Jahr über Seelöwen und See-Elefanten. Glattwale kommen von Juli bis Anfang Dezember in die flachen Gewässer vor der Halbinsel, um hier ihre Jungen zur Welt zu bringen. Im **Reserva Provincial Punta Tombo** ist der größte Pinguin-Nistplatz ganz Südamerikas. Über 500 000 Magellan-Pinguine leben hier. Im Januar machen die Jungpinguine ihre ersten Schritte ins Meer. Jeder Besucher der Andengebiete möchte natürlich auch einen Kondor sehen. Die größten Chancen hat man in **Peru** am Colca Canyon und in **Chile** im Nationalpark Torres del Paine.

Südamerika hält jedenfalls so manche Überraschung parat: vom spuckenden Lama bis zum rasend schnell laufenden Nandu!

Oben: Flamingos auf Galapagos fressen Unmengen an Kleinkrebsen, mit denen sie den roten Farbstoff aufnehmen, der ihre Federn färbt. Links: Farbenfrohe Schmetterlinge sind keine Seltenheit.
Linke Seite: Papageien werden im Regenwald als Haustiere gehalten.
Vorhergehende Doppelseite: Lamas sind in den südamerikanischen Anden weit verbreitet (großes Bild). Die Echsen auf Galapagos sind nicht kamerascheu (kleines Bild).
Seite 120: Auch wenn sie nicht groß sind, vor den Zähnen der Piranhas muss man sich in Acht nehmen (oben). Bis zu einem Meter lang werden die Meerechsen auf Galapagos (unten).
Seite 121: Albatrosse nisten in Kolonien, die Hunderte Nester umfassen können (oben). Seelöwen gibt es auf Galapagos an allen Stränden (unten).
Seite 122: Die feuerroten Lavakrabben kann man auf den Galapagosinseln bewundern (oben). Entgegen der allgemeinen Meinung ist der sehr seltene Biss einer Tarantel für den Menschen zwar schmerzhaft, aber nicht tödlich (unten).
Seite 123: Weit über zwei Meter lang wird eine Boa Constrictor – gut zu beobachten bei der Gareno Lodge (Ecuador).

Oben: Die tropischen Flüsse Südamerikas sind der Lebensraum zahlreicher Krokodile.
Rechts: Warane laufen in El Palmar über den Campingplatz.
Rechts unten: Woher der Blaufußtölpel seinen Namen hat, ist offensichtlich.
Linke Seite: Sogar in Feuerland, am Ende der Welt, halten Falken Ausschau nach Beutetieren (oben). Ein neugieriger Fuchs besucht uns an der Laguna Canapa (unten).
Seite 124: Die Riesenschildkröte, deren Panzer wie ein Sattel aussieht, hat dem Archipel seinen Namen gegeben – Galápago ist die spanische Übersetzung für „Sattel".
Seite 126: Gürteltiere bevorzugen die trockenen Lebensräume im südlichen Südamerika (oben). Im Dezember schlüpfen die jungen Pinguine aus ihren Nisthöhlen auf der Halbinsel Valdés (unten).
Seite 127: Punta Tombo ist der größte Pinguin-Nistplatz Südamerikas. Über 500 000 Magellan-Pinguine leben hier.

Infoteil

Anreise:

Variante 1: Transport mit Luftfracht ist in jeder Großstadt möglich. Die Zollformalitäten zur Einfuhr des Fahrzeugs sind in zwei Tagen erledigt. **Variante 2:** Transport mit Seefracht. Prinzipiell ist die Seefracht in alle großen Hafenstädte möglich. Empfehlen würde ich jedoch nur Chile und mit Vorbehalt Argentinien sowie Kolumbien. Die Einfuhr des Motorrads kann in den anderen Ländern große Probleme bereiten, viel Zeit und Geld kosten – oder, wie zum Beispiel in Rio de Janeiro, fast unmöglich sein.

Reisedauer:	153 Tage
Reisezeit:	Anfang September bis Mitte Februar
Strecke:	28 838 Kilometer
Der Rücktransport des Bikes per Schiff wurde in Rio de Janeiro organisiert.	

1. Allgemeine Länderinfos

Die statistischen Daten wurden dem Fischer-Weltalmanach entnommen. Visa- und Einreiseformalitäten können aktuell bei den jeweiligen Botschaften und beim Auswärtigen Amt im Internet abgefragt werden.

Venezuela

Fläche	912 080 km²
Einwohner	26 127 000 (29 Einwohner/km²)
Hauptstadt	Caracas
Amtssprache	Spanisch
Währung	1 Bolivar
Bankautomaten	Mit Kreditkarte ist Bargeldbeschaffung möglich
Visa	Bei der Einreise erhältlich
Beste Reisezeit	Oktober–Mai

Kolumbien

Fläche	1 141 748 km²
Einwohner	44 915 000 (39 Einwohner/km²)
Hauptstadt	Santa Fe de Bogotá
Amtssprache	Spanisch
Währung	1 kolumbianischer Peso
Bankautomaten	Mit Kreditkarte ist Bargeldbeschaffung möglich
Visa	Bei der Einreise erhältlich
Beste Reisezeit	Dezember–April und Juni–August

Ecuador

Fläche	256 370 km²
Einwohner	13 040 000 (51 Einwohner/km²)
Hauptstadt	Quito
Amtssprache	Spanisch
Währung	1 US-Dollar
Bankautomaten	Mit Kreditkarte ist Bargeldbeschaffung möglich
Visa	Bei der Einreise erhältlich
Beste Reisezeit	Anden: Juni–Oktober, Amazonas: August–November

Peru

Fläche	1 285 216 km²
Einwohner	27 562 000 (21 Einwohner/km²)
Hauptstadt	Lima
Amtssprache	Spanisch, Quechua, Aimará
Währung	1 Sol Nuevo
Bankautomaten	Mit Kreditkarte ist Bargeldbeschaffung möglich
Visa	Bei der Einreise erhältlich
Beste Reisezeit	Anden: Mai–Oktober, Amazonas: April–Oktober

Bolivien

Fläche	1 098 581 km²
Einwohner	9 009 000 (8 Einwohner/km²)
Hauptstadt	Sucre; Regierungssitz: La Paz
Amtssprache	Spanisch, Quechua, Aimará
Währung	1 Boliviano
Bankautomaten	Mit Kreditkarte ist Bargeldbeschaffung möglich
Visa	Bei der Einreise erhältlich
Beste Reisezeit	April–November

Chile

Fläche	756 096 km²
Einwohner	16 124 000 (21 Einwohner/km²)
Hauptstadt	Santiago
Amtssprache	Spanisch
Währung	Chilenischer Peso
Bankautomaten	Mit Kreditkarte ist Bargeldbeschaffung möglich
Visa	Bei der Einreise erhältlich
Reisezeit	Norden: Juni–September, Mitte: Oktober–April, Süden: Dezember–März

Argentinien

Fläche	2780403 km^2
Einwohner	38372000 (14 Einwohner/km^2)
Hauptstadt	Buenos Aires
Amtssprache	Spanisch
Währung	Argentinischer Peso
Bankautomaten	Mit Kreditkarte ist Bargeldbeschaffung möglich
Visa	Bei der Einreise erhältlich
Beste Reisezeit	Patagonien: Dezember–März

Brasilien

Fläche	8547404 km^2
Einwohner	183913000 (22 Einwohner/km^2)
Hauptstadt	Brasília
Amtssprache	Portugiesisch
Währung	Real
Bankautomaten	Mit Kreditkarte ist Bargeldbeschaffung möglich
Visa	Bei der Einreise erhältlich
Beste Reisezeit	Amazonas: Juni–November, Südosten: April–Oktober

2. Allgemeine Reiseinfos

Reisezeit

Bei der Durchquerung des gesamten Kontinents kommt man unweigerlich manchmal in den Regen. Ich bin Mitte September in Venezuela gestartet, um Mitte Jaunar in Feuerland zu sein. Ein Befahren der hohen Andenpässe im Süden von Chile und Argentinien ist nur im südamerikanischen Sommer, von Dezember bis März, zu empfehlen. Im Winter können hochgelegene Pistenabschnitte durch Schnee und Eis blockiert sein. Der restliche Kontinent ist ganzjährig befahrbar mit gewissen Einschränkungen während der Regenzeiten, die aber nicht exakt vorhergesagt werden können.

Formalitäten

Gültiger Reisepass, nationale Zulassung und nationaler Führerschein sind obligatorisch. Internationale Zulassung und internationalen Führerschein hatte ich nicht dabei. Ein Carnet de Passage ist auf den Straßengrenzübergängen nicht notwendig, kann jedoch bei der Einreise mit Schiff oder Flugzeug von Vorteil sein.

Für Argentinien ist eine Versicherung zwingend vorgeschrieben und wird auch unterwegs kontrolliert.

Mehrere Kopien der wichtigsten Dokumente helfen, wenn bei einem Grenzposten gerade mal wieder der Strom ausgefallen ist. Eine Auslandskranken- und Rückholversicherung ist zu empfehlen.

Gesundheit

Impfungen gegen Hepatitis und Tetanus sind empfehlenswert. Im Amazonasgebiet sollte eine Malariaprophylaxe genommen oder ein entsprechender Schutz gegen Insektenstiche aufgetragen werden. Detaillierte Auskünfte geben hierauf spezialisierte Ärzte und Tropeninstitute. Die Reiseapotheke sollte man sich vom Hausarzt nach persönlichen Bedürfnissen zusammenstellen lassen. Ein starkes Schmerzmittel kann helfen, auch nach einem Unfall noch bis ins nächste Dorf zu kommen.

Versorgung

Benzin ist in den größeren Ortschaften erhältlich, im Südwesten Boliviens jedoch nur noch von Privatpersonen zu einem stark überhöhten Preis bis zu 1,50 Euro pro Liter.

Die Benzinqualität entspricht nur in Chile und in Argentinien dem aus Europa gewohnten Standard. In den restlichen Ländern sinkt die Qualität auf bis zu 80 Oktan: Unbedingt entsprechende Vorkehrungen am Motorrad treffen, um einen Motorschaden zu vermeiden! Die KTM Adventure ist beispielsweise serienmäßig mit einer umschaltbaren Zündbox ausgestattet. In Brasilien ist das Benzin mit Alkohol vermischt, wobei der Alkoholanteil bis zu 25 Prozent betragen kann. Das kann zu Problemen bei Motorrädern mit Tanks vom Zubehörhandel führen, deren Harz nicht resistent gegen Ethanol ist.

Nahrungsmittel gibt es überall, wobei auf dem Land das Angebot entsprechend geringer ist. In allen größeren Ortschaften findet man aber Supermärkte mit europäischem Angebot. Mineralwasser in Plastikflaschen ist überall erhältlich. Leitungswasser ist entweder so stark gechlort, dass es schon fast ungenießbar ist, oder sollte mit entsprechenden Mitteln behandelt werden (Micropur, Romin).

Motorradspezifische Teile sind in allen Hauptstädten erhältlich.

Unterkünfte

Hotels aller Preisklassen findet man in den Großstädten und Touristenzentren. Auf dem Land sind es insbesondere in Peru und Bolivien einfache Unterkünfte, mit denen man vorliebnehmen muss. Einige haben einen Innenhof, in dem das Motorrad sicher geparkt werden kann. Zur Not wird es auch erlaubt, das Motorrad in die Rezeption zu stellen. Campingplätze sind in Chile, Argentinien und Brasilien weit verbreitet.

Linke Seite: Nur von Brasilien aus gibt es die Aussicht auf die gesamte Breite der Wasserfälle von Iguazu.

Zwei Anlaufpunkte für Motorradreisende sollte man unbedingt besuchen:

Argentinien: Azul La Posta	GPS: S 36° 47.442' W 59° 52.259'
Peru: Cusco Norton Rat's	GPS: S 13° 30.936' W 71° 58.901'

Außergewöhnliche Übernachtungsmöglichkeiten bieten die „Gareno Lodge" in Ecuador und Came e Café, die Frühstückspensionen im Herzen von Rio de Janeiro in Brasilien. Infos darüber findet man im Internet unter www.guaponi.com und www.camaecafe.com.br.

Geld

Geldautomaten findet man in allen größeren Ortschaften, wobei Visa und Mastercard am meisten verbreitet sind. Euro können fast überall getauscht werden, für Notfälle aber unbedingt auch noch eine kleinere Menge an US-Dollar mitnehmen.

Reisekosten

Die Reisekosten hängen sehr stark von den eigenen Reisegewohnheiten ab, der Art der Übernachtung und den sonstigen Aktivitäten (Eintritte für Sehenswürdigkeiten etc.). Mit 20 bis 30 Euro pro Tag sollte man durchkommen (geführte Bergtouren und ähnliche Aktivitäten nicht eingerechnet). Der Besuch der Galapagos-Inseln ist relativ teuer und in dieser groben Aufstellung auch nicht berücksichtigt.

Kommunikation

Bis auf Brasilien, hier wird Portugiesisch gesprochen, sind Grundkenntnisse der spanischen Sprache unbedingt erforderlich. Englisch wird nur in den Touristenzentren verstanden.

Öffentliche Telefone sind überall zu finden. Das Funknetz ist gut ausgebaut und die meisten GSM-Anbieter in Europa haben Roaming-Partner in den jeweiligen Ländern. Aber Achtung: Unbedingt vorher die Gesprächsgebühren erfragen, sonst gibt es teure Überraschungen.

Landkarten

Karten des Reise Know-How Verlags sind empfehlenswert. Sie sind wasser- und reißfest, daher für den Motorradgebrauch bestens geeignet:

Argentinien	ISBN 3-8317-7154-5
Bolivien	ISBN 3-8317-7108-1
Brasilien	ISBN 3-8317-7149-9
Chile	ISBN 3-8317-7116-2
Ecuador	ISBN 3-8317-7069-7
Peru	ISBN 3-8317-7080-8
Venezuela	ISBN 3-8317-7053-0

Eine brauchbare Karte für Kolumbien gibt es bei IGN:

Colombia IGN 3615

Es gibt in allen Ländern auch Landkarten vor Ort zu kaufen.

Reiseführer

Ganz Südamerika deckt man mit dem „South-America-Handbook" ab, erschienen im Footprint-Verlag (ISBN 978-1904777687). Aus Platzgründen ist aber die Information über die einzelnen Länder eher kurz gehalten.

Detaillierte Reiseführer zu den einzelnen Ländern gibt es im Reise Know-How Verlag auf Deutsch und bei Lonely Planet in Englisch (wobei „Argentinien" von Lonely Planet bereits auf Deutsch erhältlich ist).

Mir persönlich sind auf der Reise die Bücher von Lonely Planet lieber, denn sie haben die besseren und übersichtlicheren Stadtpläne und Landkarten. Um Gewicht zu sparen, kann man den bei Reise Know-How sehr umfangreichen Teil der praktischen Reisetipps und den Teil über Land und Leute herausschneiden und zu Hause lassen.

Lonely Planet

Argentinien	ISBN 978-3829715508 Deutsche Ausgabe
Brazil	ISBN 978-1741040210
Bolivia	ISBN 978-1741045574
Chile	ISBN 978-1740599979
Colombia	ISBN 978-1741042849
Ecuador	ISBN 978-1741042955
Peru	ISBN 978-1740597494
Venezuela	ISBN 978-1741041972

Reise Know-How

Argentinien	ISBN 3-8317-1357-X	Brasilien	ISBN 3-89662-350-8
Chile	ISBN 3-8317-1358-8	Ecuador	ISBN 3-8317-1444-4
Peru, Bolivien	ISBN 3-89662-334-6	Venezuela	ISBN 3-8317-1465-7

Für alle, die nicht perfekt Spanisch und Portugiesisch können, gibt es zwei Sprachbücher im Reise Know-How Verlag:

Spanisch für Lateinamerika	ISBN 3-89416-029-2
Brasilianisch	ISBN 3-89416-003-9

Eine interessante Einstimmung auf die Reise ist das 2004 erschienene Tagebuch einer Motorradreise von Ernesto Che Guevara: Latinoamericana. Che Guevara hat zusammen mit seinem Freund Alberto Granado eine Reise unternommen, die ihn Anfang der 50er-Jahre durch Lateinamerika führte.

Verlag: Kiepenheuer & Witsch ISBN 978-3462023831

Informationen im Internet

www.horizonsunlimited.com	Motorradreiseforum auf Englisch
www.auswaertiges-amt.de	Auswärtiges Amt Deutschland
www.bmaa.gv.at	Außenministerium Österreich
www.proyectomapear.com.ar	digitale Karten von Argentinien
mapcenter.cgpsmapper.com	digitale Karten weltweit

In den peruanischen Anden treffen zwei Welten aufeinander (oben links).
Unfreiwilliger Besitzer eines unnützen Feuerlöschers (unten links).
Es gibt recht brauchbares Kartenmaterial für ganz Südamerika (Mitte).
Das Stativ wird wasserfest eingepackt und auf der Kiste verzurrt (unten).

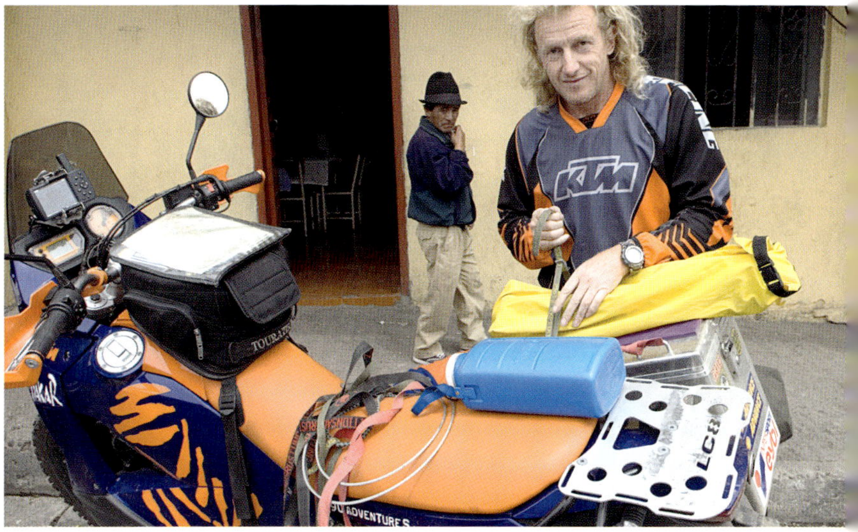

GREGER
KTM

DAKAR

Nikon
KTM

3. Ausrüstung und Motorrad

Motorrad: KTM 990 Adventure

Gepäcksystem: KTM-Alukoffersystem
Reifen: Pirelli MT 21/MT 90 hinten und vorne

Die Wahl des Motorrads ist wichtig, damit die Tour nicht zur Tortur wird. Wenn man sich nicht nur auf der eintönigen Panamericana bewegt, muss das Fahrwerk offroadtauglich sein. Gegebenenfalls müssen die Federelemente getauscht werden. So mancher Reisende unterschätzt die schlechten Pisten und das Gewicht des vielen Gepäcks. Rahmen- oder Federbeinbrüche sind dann die Folge. Die großen Reiseenduros von KTM sind bereits serienmäßig mit White-Power-Komponenten ausgestattet und ohne Umbauarbeiten einsatzbereit. Ein stabiler Gepäckträger ist die Grundvoraussetzung für eine unfallfreie Tour. Es gibt für alle gängigen Reiseenduros Fertigsysteme von Touratech, die leicht und stabil sind. Zur Gepäckunterbringung sind Aluboxen am besten. Hier ist die wertvolle Ausrüstung, Laptop etc., vor Witterungseinflüssen und auch Langfingern bestens geschützt. Zelt und Schlafsack kommen in eine wasserdichte Gepäckrolle.
Normale Reisebekleidung mit integrierten Protektoren und Lüftungsöffnungen ist am sinnvollsten. Eine herausnehmbare Goretex-Membrane oder Ähnliches ist für die kühleren Reiseabschnitte in den Anden und im Süden des Kontinents empfehlenswert. Eine dichte Regenkombi sollte trotzdem unbedingt mitgenommen werden. Stabile Motocross-Stiefel schützen vor Fußverletzungen, die ansonsten auf den steinigen Pisten leicht passieren können. Ein Werkstättenhandbuch gehört ebenfalls ins Gepäck. Damit können exakt die richtigen Teile bei einem eventuell auftretenden Gebrechen in der Heimat oder direkt beim jeweiligen Importeur bestellt werden. Mit DHL oder einem lokalen Kurierdienst sind die Teile in wenigen Tagen in der nächsten größeren Stadt.

GPS: Garmin 276C

Software: Quo Vadis und GPS-Halter von Touratech
Es gibt eine Vielzahl von digitalen Karten, die mit Quo Vadis ins Garmin gespielt werden können.
Sehr gute Karten für Argentinien gibt es bei Mapear zum kostenlosen Download unter www.proyectomapear.com.ar
Weitere Karten für Südamerika findet man im Mapcenter ebenfalls kostenlos zum Downloaden unter mapcenter.cgpsmapper.com

Foto/Videoausrüstung

- Camcorder Sony HC1
- Digitale Spiegelreflexkameras 2 Stück Nikon D200 und 2 Reserve-Akku;
- Objektive Nikon, 17-55 1:2,8; 70-200 1:2,8 AF-S VR; 10,5 1:2,8; Konverter 1,7x
- Blitz SB 800
- Speichermedien: 5 Stk. Sundisk Ultra II 1 GB, 2 Stk. Sundisk Ultra II 2 GB
- Stativ Manfrotto 190
- Laptop Fujitsu Siemens Lifebook P7010
- Externe Festplatte 80 GB

Untergebracht war der Großteil der Ausrüstung im Fototankrucksack von Touratech, der auch als Tragtasche verwendet wurde. Die Bilder wurden in Raw gespeichert, auf der externen Festplatte gesichert und zusätzlich auf DVD gebrannt.

Campingausrüstung

Als Zelt wurde ein Tunnelzelt mit großer Apsis (Hilleberg Nallo 3GT) gewählt, da hier genügend Platz für Motorradstiefel, nasse Klamotten, Helm und allen anderen Kram ist. Auch ein Benzinkocher samt Kochgeschirr war im Gepäck – jedoch nur in der Hochwüste im Südwesten Boliviens im Einsatz. Das Essensangebot in den Restaurants und auf den Märkten ist ausgezeichnet. Zusätzlich zur 1,5-Liter-Wasserflasche war ein 10-Liter-Wasserbeutel von Ortlieb an Bord. Den kann man, wenn man ihn nicht braucht, klein zusammenrollen und verstauen.

Links: Das Garmin 276C hat während der Reise klaglos funktioniert.

Rechts: Motorradbekleidung muss für alle Klimazonen geeignet sein.

Seite 136: Nur ein Reifenschaden auf fast 30 000 Kilometer – das spricht für gutes Material (oben). Die zähe Masse am Vulkan Tungurahua wäre mir fast zum Verhängnis geworden (unten).

Seite 137: Die Vorteile der digitalen Fotografie möchte ich nicht mehr missen (oben). Ich glaube kaum, dass der gute Mann eine Ahnung hat, wo es langgeht (unten).

KTM

Register

Impressum

Unser komplettes Programm:
www.bruckmann.de

Produktmanagement: Martin Distler
Schlusskorrektur: Désirée Schoen
Satz: Regina Bocek
Repro: Scanner Service S.r.l., Verona
Umschlaggestaltung: Roman Schellmoser unter Verwendung von Fotos des Autors
Kartografie: Anneli Nau
Herstellung: Thomas Fischer
Printed in Slovenia by MKT Print, Ljubljana

Bildnachweis:
Alle Fotos auf dem Umschlag und im Innenteil stammen von Renate und Josef Pichler.

Alle Angaben dieses Werkes wurden vom Autor sorgfältig recherchiert und auf den aktuellen Stand gebracht sowie vom Verlag geprüft. Für die Richtigkeit der Angaben kann jedoch keine Haftung übernommen werden.
Für Hinweise und Anregungen sind wir jederzeit dankbar. Bitte richten Sie diese an:
Bruckmann Verlag
Lektorat
Postfach 80 02 40
D-81602 München
E-Mail: lektorat@bruckmann.de

Deutsche Nationalbibliothek – CIP-Einheitsaufnahme
Ein Titeldatensatz für diese Publikation ist bei der Deutschen Nationalbibliothek erhältlich.

ISBN 978-3-7654-4408-1

153 Tage, 28 838 Kilometer, 2 097 Liter Benzin, fünf Hinterreifen, vier Vorderreifen, ein Reifenschaden – das sind nur die statistischen Daten einer faszinierenden Reise.

Neben 11 000 Bildern, 13 Stunden Videomaterial und unzähligen Erlebnissen bringe ich auch ein kleines Stück südamerikanischer Lebensweisheit mit nach Hause:
Mische ein wenig Verrücktheit in dein Leben und es wird glücklicher.

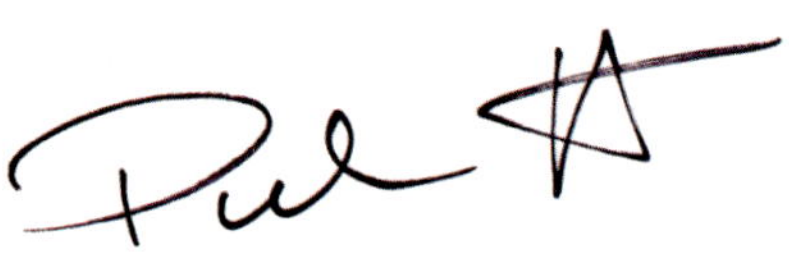

MOTORRADTRÄUME WERDEN WAHR

Bruno Blum hat hinter sich, wovon viele Motorradfahrer träumen: eine Reise um die Welt. Er durchquert Russland, erlebt das Reich der Mitte, überquert im Himalaya die höchsten befahrbaren Pässe und jagt seine Enduro über australische Wellblechpisten. Erleben Sie die Erfahrungen, Stimmungen und Begegnungen aus vier Jahren Weltreise mit – und erhalten zudem konkrete Tipps zur Planung einer Weltreise.

B. Blum
Motorradtraum Weltreise
144 Seiten, ca. 200 Abb.,
24,5 x 30,5 cm,
Hardcover mit Schutzumschlag
ISBN 978-3-7654-4152-3
Best.-Nr. 4152

Afrika hat mit seinen fantastischen Landschaften und den unterschiedlichen Kulturen eine fast mystische Anziehungskraft. Joe Pichler, seit 1984 auf allen Kontinenten dieser Erde unterwegs, unternahm eine 30.000 Kilometer lange Reise von Kairo nach Kapstadt. Der Bildband zeigt mit faszinierenden Bildern und Reportagen seine Reiseeindrücke und gibt Tipps zur Reiseplanung mit dem Motorrad.

J. Pichler
Motorradtraum Afrika
144 Seiten, ca. 150 Abb.,
24,5 x 30,5 cm,
Hardcover mit Schutzumschlag
ISBN 978-3-7654-4357-2
Best.-Nr. 4357

Sechs Männer wagen, was unmöglich scheint: In nur fünf Wochen wollen sie 11.000 beschwerliche Kilometer überwinden – mit siebzig Jahre alter Motorradtechnik. Mit eindringlichen Bildern und intensiven Texten präsentiert der große Bruckmann-Bildband dieses grandiose Abenteuer, die Länder und die Menschen der aufregenden Rallye. Fast glaubt man, selbst dabei gewesen zu sein.

G. George, M. Schepp
Von Peking nach Berlin
144 Seiten, ca. 160 Abb.,
24,5 x 30,5 cm,
Hardcover mit Schutzumschlag
ISBN 978-3-7654-4434-0
Best.-Nr. 4434

Das komplette Programm unter
www.bruckmann.de

BRUCKMANN

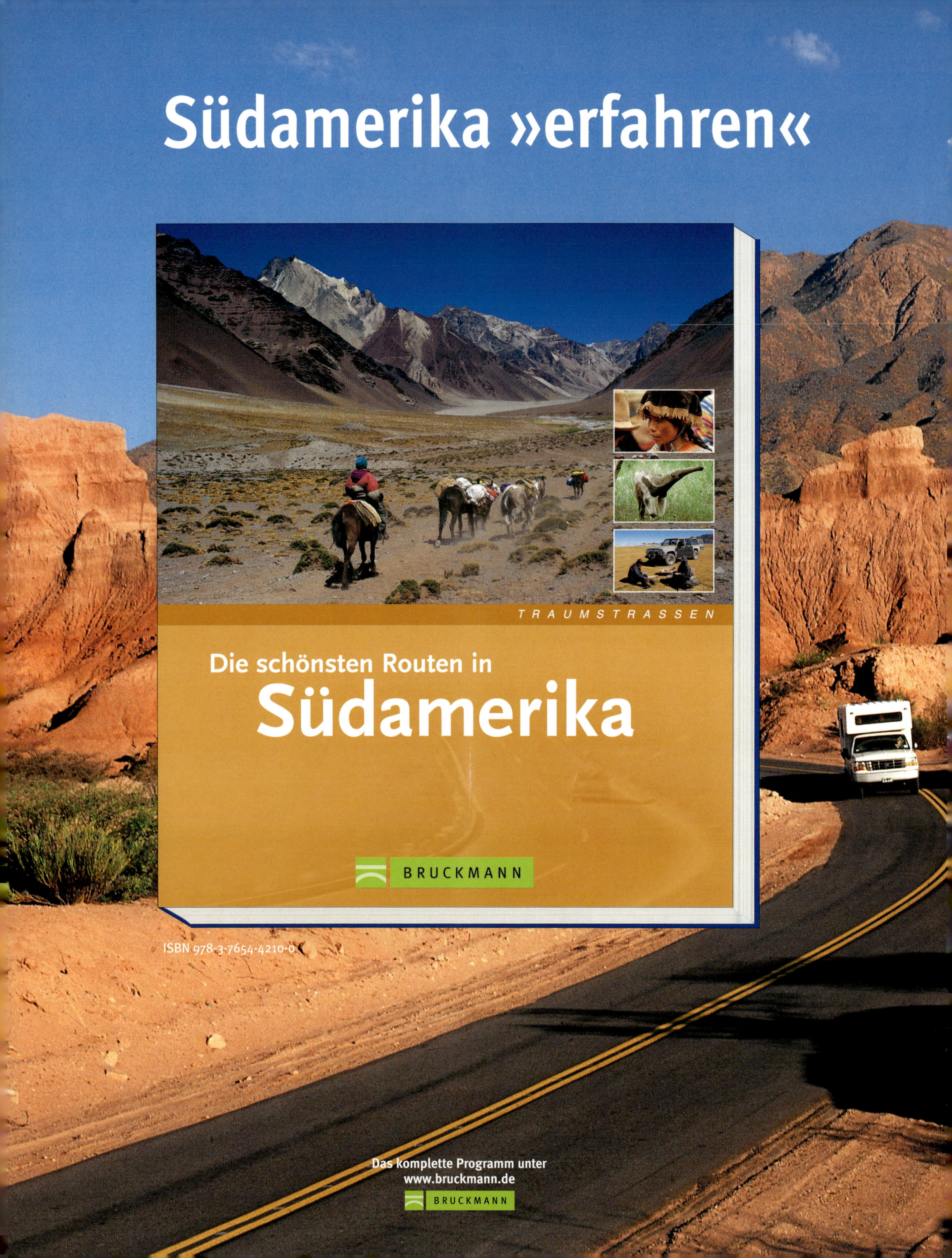
Südamerika »erfahren«
TRAUMSTRASSEN
Die schönsten Routen in
Südamerika
BRUCKMANN
ISBN 978-3-7654-4210-0
Das komplette Programm unter
www.bruckmann.de
BRUCKMANN

PAZIFISCHER OZEAN
Oruro
Tacna
Arica
Guallatiri
6060
L. Poopó
TARAPACÁ
Iquique
Salar de Uyuni
Uyuni
5870
Ollague
El Tatio
5796
Tocopilla
Calama
Tocorpuri
5833
San Pedro de Atacama
Salar de Atacama
S. Antonio de los Cobres
Antofagasta
ANTOFAGASTA
Llullaillaco
6723
Taltal
Chañaral
Incahuasi
6620
Caldera
Copiapó
ATACAMA
Co del Toro
6380
Almogasta
Punta Colorada
Serena
LA RIOJA
Coquimbo
SAN JUAN
Aconcagua
6960
Mendoza
Valparaíso
San Antoni
SANTIAGO
MENDOZA
Pareditas
S. Rafael
CURICÓ
Curicó
TALCA
Constitución
Talca
3230
Malargue
Chillán
Longaví
Talcahuano
Buta Ranquil
Bío Bío
Temuco
Zapala
Neuquén
CAUTÍN
Lanín
Junín de los Andes
Valdivia
3740
VALDIVIA
Limay
Osorno
San Carlos de Bariloche
Frutillar
Tronador
Puerto Montt
Anoud
Castro
Chaitén
I. de Chiloé
Carretera Austral
Tecka
Quellón
Archipiélago
Maca
Coyhaique
Facundo
Puerto Aisén
Hudson
Colonia
Las Heras
Puerto Murta
Puerto Tranquillo
Cochrane
Bajo Caracole
Arch. Guayaneco
Tamel Aike
O. Higgins
2910
Wellington
Tres Lagos
L. Viedma
Perito Moreno
L. Argentino
El Calafate
Torres del Paine
Puerto Natales
Punta Arenas
I. Desolación